바로바로 초등 1 필수 한자

저 자 FL4U컨텐츠
발행인 고본화
발 행 반석북스
교재공급처 반석출판사
2025년 2월 1일 초판 2쇄 인쇄
2025년 2월 5일 초판 2쇄 발행
홈페이지 www.bansok.co.kr
이메일 bansok@bansok.co.kr
블로그 blog.naver.com/bansokbooks

07547 서울시 강서구 양천로 583. B동 1007호
(서울시 강서구 염창동 240-21번지 우림블루나인 비즈니스센터 B동 1007호)
대표전화 02) 2093-3399   **팩 스** 02) 2093-3393
출 판 부 02) 2093-3395   **영업부** 02) 2093-3396
등록번호 제315-2008-000033호

Copyright ⓒ FL4U컨텐츠

ISBN 978-89-7172-979-3 (63700)

■ 교재 관련 문의: bansok@bansok.co.kr을 이용해 주시기 바랍니다.
■ 이 책에 게재된 내용의 일부 또는 전체를 무단으로 복제 및 발췌하는 것을 금합니다.
■ 파본 및 잘못된 제품은 구입처에서 교환해 드립니다.

바로바로 초등 1 필수 한자

반석북스

머리말

최근 사회가 디지털화 되어 감에 따라 학생들의 독서량이 줄어들고 있습니다. 독서량이 줄어드니 자연스럽게 학생들의 어휘력이 떨어지면서 기본적인 단어의 뜻을 모르거나 글을 읽고 의미를 파악하는 문해력이 떨어지면서 문제를 읽어도 이해하지 못하는 등의 문제가 생기게 됩니다.

이렇게 어휘력과 문해력이 떨어지는 현상은 학생들의 한자어에 대한 이해와도 관련이 있다고 할 수 있습니다. 한자어는 우리말의 약 70%를 차지하고 있으며 실제로 일상에서 자주 사용하는 단어들 대부분이 한자어인 경우가 많습니다. 한자어는 둘 이상의 한자를 조합한 단어이기 때문에 한자를 공부하면 그에 따른 많은 어휘를 배울 수 있고 처음 보는 어휘라도 한자를 통해 그 의미를 유추할 수 있습니다. 하지만 한자어를 구성하는 한자를 알지 못하면 해석에 한계가 생기게 되고 문해력도 떨어질 수 밖에 없게 됩니다. 그렇기 때문에 어렸을 때 한자를 학습하는 것은 아이들의 어휘력 향상과 학습에 많은 도움을 줄 수 있습니다.

이 책은 학년별로 익혀야 할 단어를 선별하여 단어의 뜻과 단어를 구성하는 한자를 함께 학습할 수 있도록 하였습니다. 또한 각 한자가 쓰이는 다른 예시 단어들을 추가하여 한자의 다양한 쓰임을 배우고 예문을 통해 단어가 문장에서 어떻게 쓰이는지 익힐 수 있도록 하여 어휘력과 문해력을 향상시킬 수 있도록 하였습니다.

이 책을 통해 한자를 처음 배우는 어린이나 입문자분들이 한자에 흥미를 가지고 한자를 쉽게 배울 수 있으면 좋겠습니다. 이 책이 한자를 학습하는 모든 분들께 도움이 되기를 바랍니다.

FL4U컨텐츠

목차

01~10 ▶ 9
- 01 日月 일월 10
- 02 每年 매년 12
- 03 千萬 천만 14
- 04 大小 대소 16
- 05 男女 남녀 18
- 06 父母 부모 20
- 07 先生 선생 22
- 08 東西 동서 24
- 09 南北 남북 26
- 10 漢江 한강 28
- 따라 쓰면서 복습 30
- 문제 풀면서 복습 32
- 마무리 퀴즈 34

11~20 ▶ 35
- 11 國民 국민 36
- 12 土木 토목 38
- 13 水道 수도 40
- 14 四方 사방 42
- 15 人口 인구 44
- 16 外出 외출 46
- 17 手足 수족 48
- 18 學校 학교 50
- 19 登山 등산 52
- 20 敎室 교실 54
- 따라 쓰면서 복습 56
- 문제 풀면서 복습 58
- 마무리 퀴즈 60

21~30 ▶ 61
- 21 世上 세상 62
- 22 天下 천하 64
- 23 靑春 청춘 66
- 24 秋夕 추석 68
- 25 空中 공중 70
- 26 不平 불평 72
- 27 有名 유명 74
- 28 化石 화석 76
- 29 工夫 공부 78
- 30 市內 시내 80
- 따라 쓰면서 복습 82
- 문제 풀면서 복습 84
- 마무리 퀴즈 86

31~40 ▶ 87
- 31 自力 자력 88
- 32 行動 행동 90
- 33 良心 양심 92
- 34 多幸 다행 94
- 35 安全 안전 96
- 36 事物 사물 98
- 37 前後 전후 100
- 38 氣運 기운 102
- 39 時間 시간 104
- 40 弟子 제자 106
- 따라 쓰면서 복습 108
- 문제 풀면서 복습 110
- 마무리 퀴즈 112

41~50 ▶ 113
- 41 作品 작품 114
- 42 意見 의견 116
- 43 正直 정직 118
- 44 食堂 식당 120
- 45 問答 문답 122
- 46 身體 신체 124
- 47 共同 공동 126
- 48 活用 활용 128
- 49 農村 농촌 130
- 50 科目 과목 132
- 따라 쓰면서 복습 134
- 문제 풀면서 복습 136
- 마무리 퀴즈 138

51~60 ▶ 139
- 51 表面 표면 140
- 52 社長 사장 142
- 53 算數 산수 144
- 54 高速 고속 146
- 55 便紙 편지 148
- 56 金銀 금은 150
- 57 電話 전화 152
- 58 所重 소중 154
- 59 發音 발음 156
- 60 分明 분명 158
- 따라 쓰면서 복습 160
- 문제 풀면서 복습 162
- 마무리 퀴즈 164

부록(8급 한자 급수표/준7급 한자 급수표/7급 한자 급수표) ▶ 165
초등 1 한자 마무리 테스트 ▶ 168 | 정답 ▶ 171

이 책의 특징

단어를 통한 한자 학습

평소에 자주 쓰는 단어의 뜻과 단어를 구성하는 한자를 익힐 수 있어 한자를 효과적으로 학습할 수 있습니다.
두 개의 한자로 이루어진 단어 60개를 수록하여 총 120개의 한자를 학습할 수 있습니다.

따라쓰기

획순과 부수를 참고하여 한자를 직접 따라 쓰면서 한자를 익힐 수 있도록 하였습니다.

어휘력

단원별 단어를 구성하는 한자가 쓰이는 다른 예시 단어를 각각 두 개씩 수록하여 다양한 단어를 배울 수 있어 어휘력을 향상시킬 수 있습니다.

문해력

학습한 단어가 문장에서 어떻게 쓰이는지 예문을 통해 배울 수 있어 문해력을 향상시킬 수 있습니다.

따라쓰고 문제 풀면서 배운 한자 복습

10개의 단원이 끝날 때마다 〈따라 쓰면서 복습〉, 〈문제 풀면서 복습〉, 〈마무리 퀴즈〉를 수록하여 앞에서 배운 한자를 복습할 수 있도록 하였습니다.

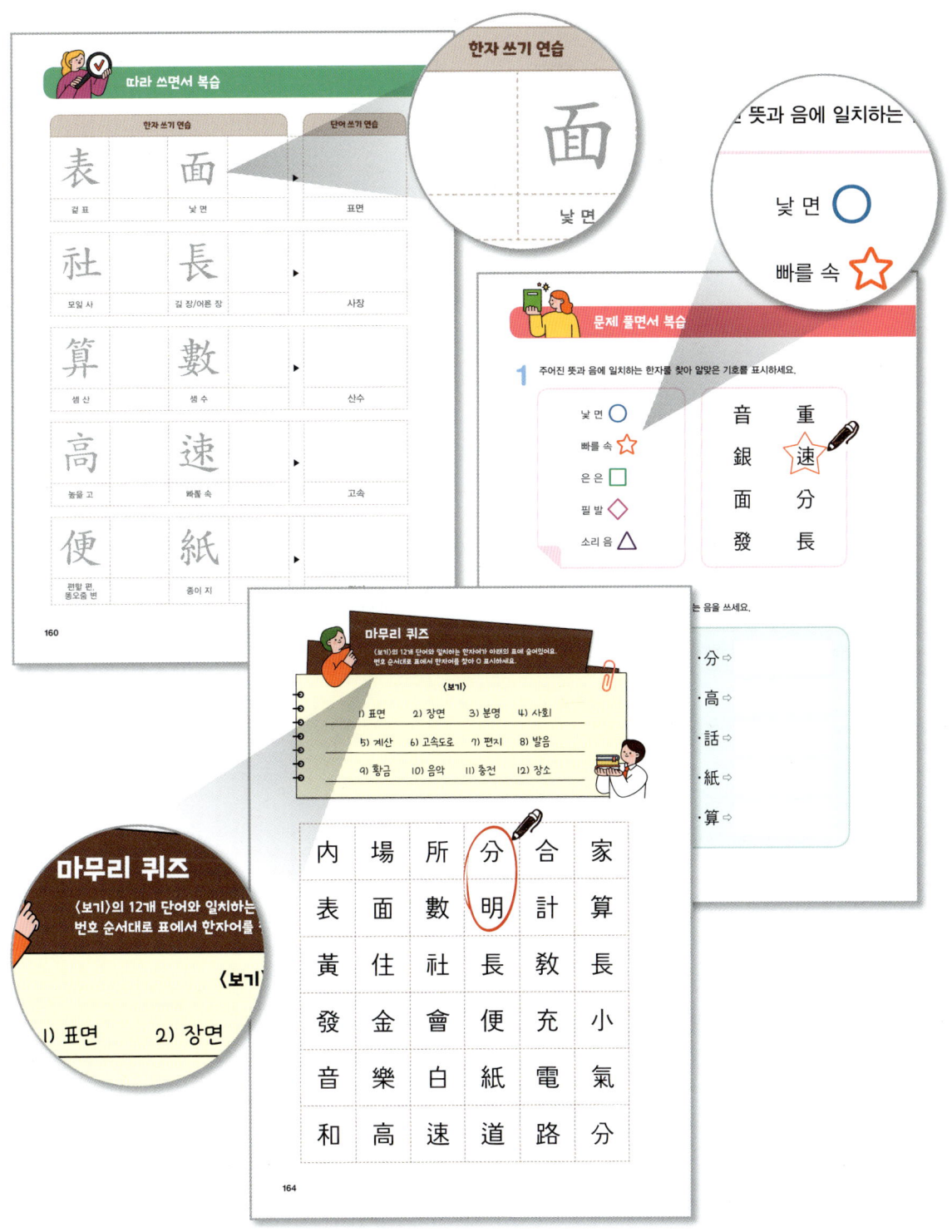

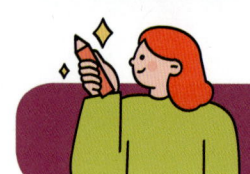

이 책의 특징

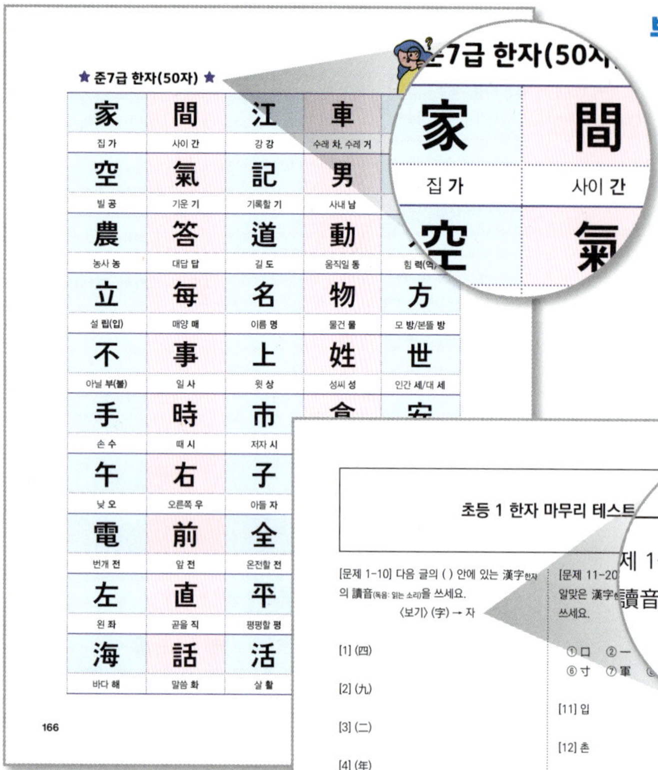

★ 준7급 한자(50자) ★

家 집 가	間 사이 간	江 강 강	車 수레 차, 수레 거	
空 빌 공	氣 기운 기	記 기록할 기	男 사내 남	
農 농사 농	答 대답 답	道 길 도	動 움직일 동	힘 력(역)
立 설 립(입)	每 매양 매	名 이름 명	物 물건 물	方 모 방/본뜰 방
不 아닐 부(불)	事 일 사	上 윗 상	姓 성씨 성	世 인간 세/대 세
手 손 수	時 때 시	市 저자 시		
午 낮 오	右 오른쪽 우	子 아들 자		
電 번개 전	前 앞 전	全 온전할 전		
左 왼 좌	直 곧을 직	平 평평할 평		
海 바다 해	話 말씀 화	活 살 활		

166

부록과 정답

한국어문회에서 주관하는 한자능력검정시험 8급, 준7급, 7급에 해당하는 한자를 수록하여 한자 학습에 도움이 될 수 있도록 하였습니다.

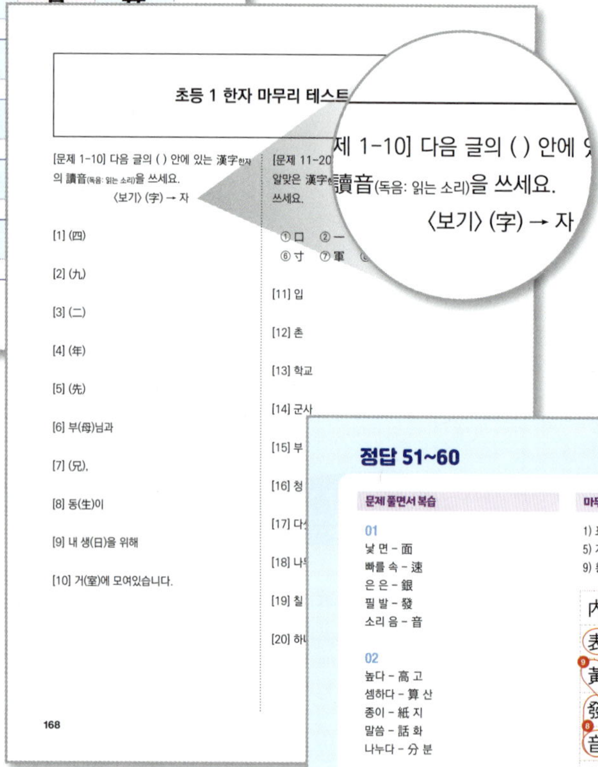

초등 1 한자 마무리 테스트

[문제 1-10] 다음 글의 ( ) 안에 있는 漢字한자의 讀音(독음: 읽는 소리)을 쓰세요.
〈보기〉 (字) → 자

[1] (四)
[2] (九)
[3] (二)
[4] (年)
[5] (先)
[6] 부(母)님과
[7] (兄),
[8] 동(生)이
[9] 내 생(日)을 위해
[10] 거(室)에 모여있습니다.

[문제 11-20] 알맞은 漢字를 쓰세요.

[11] 입
[12] 촌
[13] 학교
[14] 군사
[15] 부
[16] 청
[17] 다
[18] 나
[19] 칠
[20] 하

168

마무리 테스트를 수록하여 책에서 배운 한자를 문제를 풀면서 복습할 수 있도록 하였습니다.

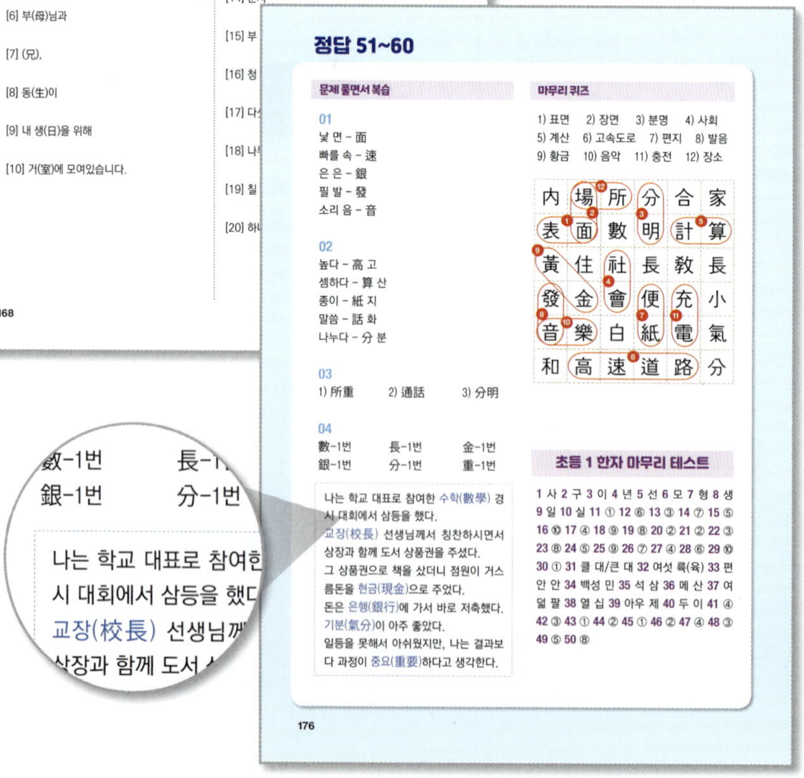

정답 51~60

문제 풀면서 복습

01
낯 면 - 面
빠를 속 - 速
은 은 - 銀
필 발 - 發
소리 음 - 音

02
높다 - 高 고
셈하다 - 算 산
종이 - 紙 지
말씀 - 話 화
나누다 - 分 분

03
1) 所重 2) 通話 3) 分明

04
數-1번 長-1번 金-1번
銀-1번 分-1번 重-1번

나는 학교 대표로 참여한 수학(數學) 경시 대회에서 삼등을 했다. 교장(校長) 선생님께서 칭찬하시면서 상장과 함께 도서 상품권을 주셨다. 그 상품권으로 책을 샀더니 점원이 거스름돈을 현금(現金)으로 주었다. 돈은 은행(銀行)에 가서 바로 저축했다. 기분(氣分)이 아주 좋았다. 일등을 못해서 아쉬웠지만, 나는 결과보다 과정이 중요(重要)하다고 생각한다.

마무리 퀴즈

1) 표면 2) 장면 3) 분명 4) 사회
5) 계산 6) 고속도로 7) 편지 8) 발음
9) 황금 10) 음악 11) 충전 12) 장소

內	場	所	分	合	家
表	面	數	明	計	算
黃	住	社	長	教	長
發	金	會	便	充	小
音	樂	白	紙	電	氣
和	高	速	道	路	分

초등 1 한자 마무리 테스트

1 사 2 구 3 이 4 년 5 선 6 모 7 형 8 생 9 일 10 실 11 ① 12 ⑥ 13 ③ 14 ⑦ 15 ⑤ 16 ⑩ 17 ④ 18 ⑨ 19 ⑧ 20 ② 21 ② 22 ③ 23 ⑧ 24 ⑤ 25 ⑨ 26 ⑦ 27 ④ 28 ⑥ 29 ⑩ 30 ① 31 큰 대/큰 대 32 여섯 륙(육) 33 편안 안 34 백성 민 35 석 삼 36 메 산 37 여덟 팔 38 열 십 39 아우 제 40 두 이 41 ④ 42 ③ 43 ① 44 ② 45 ① 46 ② 47 ④ 48 ③ 49 ⑤ 50 ⑧

176

정답을 수록하여 문제를 풀고 답을 맞추어 보며 제대로 학습했는지 확인할 수 있습니다.

01~10

이번 장에서 배울 내용입니다.
한자의 뜻과 음을 보고
단어의 의미를 유추해보세요.

日 날 일	月 달 월	
千 일천 천	萬 일 만 만	
男 사내 남	女 여자 녀(여)	
先 먼저 선	生 날 생	
南 남녘 남	北 북녘 북, 달아날 배	

每 매양 매	年 해 년(연)	
大 클 대/큰 대	小 작을 소	
父 아버지 부	母 어머니 모	
東 동녘 동	西 서녘 서	
漢 한수 한/한나라 한	江 강 강	

01 일월

날 **일**   달 **월**

日月(일월): 해와 달.

획순 ｜ 冂 冃 日   부수 日

획순 ノ 几 月 月   부수 月

어휘력 日과 月이 포함된 단어는 또 무엇이 있을까요?

날 생
生 日
생일: 태어난 날.

한 일
一 月
일월: 한 해(열두 달) 중 첫째 달.

日 月

쉴 휴
休 日
휴일: 일을 하지 않고 쉬는 날.

다섯 오
五 月
오월: 한 해(열두 달) 중 다섯째 달.

* 月 앞에 一이나 五 대신 二(이), 三(삼), 六(육), 十二(십이) 등 다른 숫자를 넣으면 몇 월인지 표현할 수 있습니다.

문해력 日과 月이 포함된 단어는 문장에서 어떻게 쓰일까요?

내 **生日**은 7월 1일 이야.

☆ 日 앞에 숫자를 넣으면 며칠인지 나타낼 수 있습니다. 1일은 一日이라고 합니다.

五月 5일은 어린이날이다.

☆ 5월 5일은 5월의 다섯째 날로, 五月 五日이라고 표현합니다.

02 매년

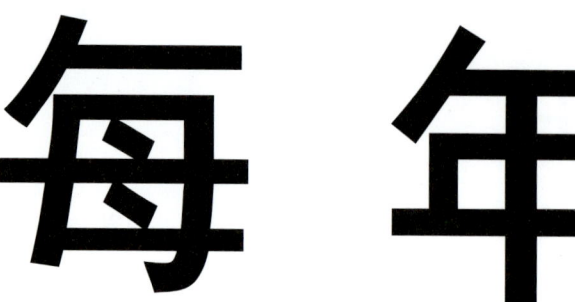

 매양 **매** 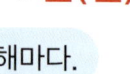 해 **년(연)**

每年(매년): 모든 해. 또는 해마다.

| 획순 | ノ ╯ ┌ 与 每 每 每 | 부수 | 母 |

每 每 每 每 每

| 획순 | ノ ╯ ┌ ┌ 上 年 | 부수 | 干 |

年 年 年 年 年

어휘력 每와 年이 포함된 단어는 또 무엇이 있을까요?

날 **일**
每 日
매일: 하루 하루 모든 날. 또는 모든 날마다.

푸를 **청**
靑 年
청년: 신체적·정신적으로 한창 성장한 시기의 사람. 또는 젊은 성인 남자.

每 年

달 **월**
每 月
매월: 매달. 또는 달마다.

적을 **소**/젊을 **소**
少 年
소년: 아직 성숙하지 않은 어린 나이의 사내아이.

문해력 每와 年이 포함된 단어는 문장에서 어떻게 쓰일까요?

정부는 **每年** 많은 청년들에게 생활비를 지원하고 있다.

나는 수업시간에 배운 내용을 **每日** 복습하려고 노력한다.

03 천만

千 萬

일천 **천**   일만 **만**

千萬(천만): 만(10,000)의 천 배(10,000,000).

획순 ˊ 亠 千   **부수** 十

千 千 千 千 千

획순 一 十 艹 艹 芢 苩 茍 苩 莴 萬 萬 萬   **부수** 艹

萬 萬 萬 萬 萬

어휘력 千과 萬이 포함된 단어는 또 무엇이 있을까요?

마을 리(이)
千里
천리: 백 리의 열 곱절 되는 거리, 매우 먼 거리를 나타냄.

한 일
萬一
만일: 있을지도 모르는 뜻밖의 경우.

千 萬

글자 자 · 글월 문
千字文
천자문: 중국 양(梁)나라 주흥사(周興嗣)가 지은 책으로, 1,000자로 된 한문 학습 입문서.

해 년(연) · 해 년(연)
千年萬年
천년만년: 아주 오랜 세월.

문해력 千과 萬이 포함된 단어는 문장에서 어떻게 쓰일까요?

발 없는 말이 <u>千里</u> 간다.

☆ 말은 금방 퍼지니 말조심해야 한다는 뜻의 속담입니다.

여행 갈 때는 <u>萬一</u>을 대비해 비상약을 챙겨가는 것이 좋다.

☆ '만약(萬若)'도 '만일(萬一)'과 같은 의미의 단어입니다.

04 대소

클 대/큰 대   작을 소

大小(대소): 크고 작음.

획순 一 ナ 大   부수 大

획순 亅 小 小   부수 小

어휘력 大와 小가 포함된 단어는 또 무엇이 있을까요?

사람 **인**
大 人
대인: 성인이 된 사람. 어른.

사람 **인**
小 人
소인: 나이 어린 사람.

大 小

임금 **왕**
大 王
대왕: 훌륭한 임금을 높여 이르는 말.

마음 **심**
小 心
소심: 대범하지 못하고 지나치게 조심함.

문해력 大와 小가 포함된 단어는 문장에서 어떻게 쓰일까요?

놀이공원 입장료가 大人은 30,000원, 小人은 15,000원이다.

☆ 일반적으로 大人은 성인, 小人은 어린이를 의미합니다.

10월 9일은 세종大王께서 한글을 창제하신 날을 기리는 한글날이다.

05 남녀

男 女

사내 **남**

여자 **녀(여)**

男女(남녀): 남자와 여자.

획순 ㅣ 冂 曰 田 田 男 男　　**부수** 田

男　男　男　男　男

획순 く 夊 女　　**부수** 女

女　女　女　女　女

어휘력 男과 女가 포함된 단어는 또 무엇이 있을까요?

아들 **자**
男 子
남자: 남성인 사람.

아들 **자**
女 子
여자: 여성인 사람.

男 女

아름다울 **미**
美 男
미남: 아름답게 생긴 남자.

적을 **소**/젊을 **소**
少 女
소녀: 완전히 성숙하지 않은 여자 아이.

문해력 男과 女가 포함된 단어는 문장에서 어떻게 쓰일까요?

수영은 <u>**男女**</u>노소 누구나 즐길 수 있다.

☆ 노소(老少)는 老(늙을 로/노)와 少(젊을 소)가 결합한 말이에요. 즉 남녀노소(男女老少)는 남자, 여자, 나이 든 사람, 젊은 사람을 이르는 말로, '모든 사람'을 뜻합니다.

<u>**少女**</u>는 수줍게 웃었다.

☆ 어린 남자 아이는 소년(少年)이라고 합니다.

06 부모

父 母

아버지 부   어머니 모

父母(부모): 아버지와 어머니.

| 획순 | ′ ′′ ´ 父 | | | 부수 | 父 |

父 父 父 父 父

| 획순 | ㄴ 乃 㚇 母 母 | | | 부수 | 母 |

母 母 母 母 母

어휘력 父와 母가 포함된 단어는 또 무엇이 있을까요?

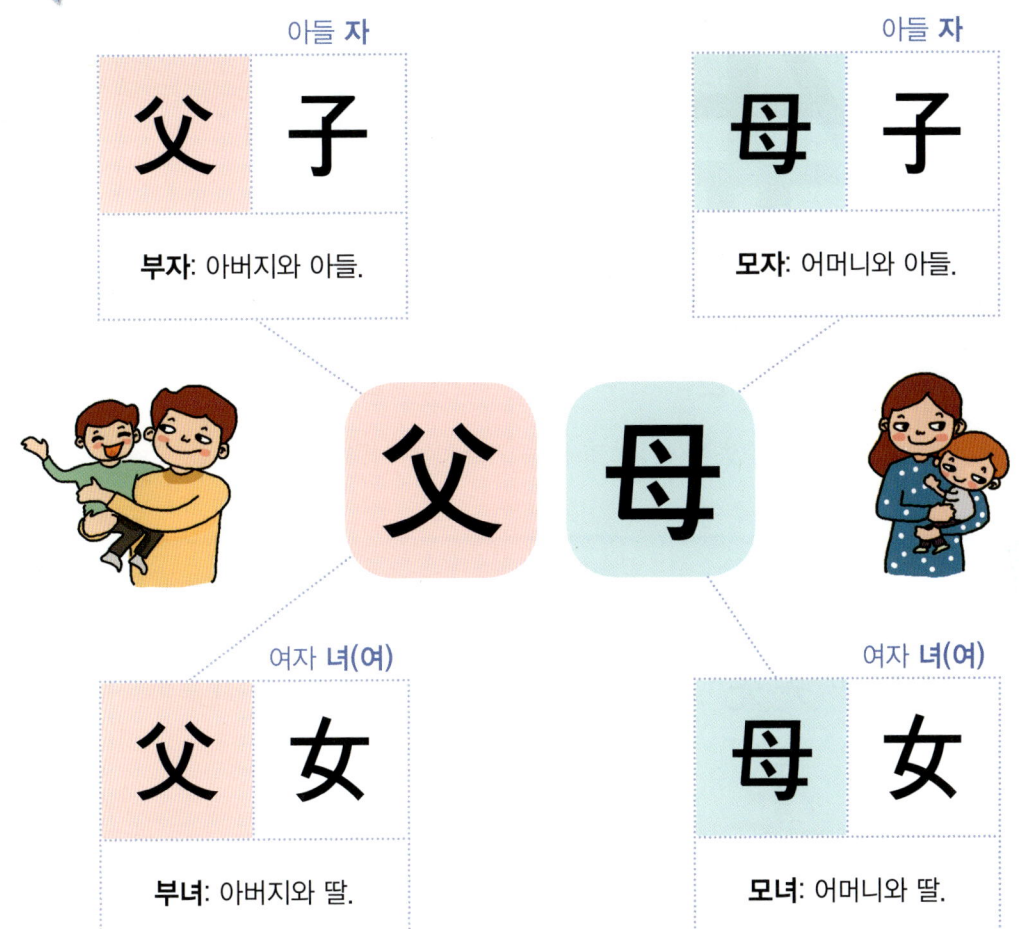

문해력 父와 母가 포함된 단어는 문장에서 어떻게 쓰일까요?

옆집 사는 <u>父子</u>는 주말마다 함께 운동을 한다.

이웃집 <u>母女</u>는 서로 닮았다.

07 선생

先 生

먼저 **선**　　　　　날 **생**

先生(선생): 학생을 가르치는 사람.

획순 ノ 丶 亠 生 生 歩 先　　**부수** 儿

先 先 先 先 先

획순 ノ 丶 亠 生 生　　**부수** 生

生 生 生 生 生

어휘력 先과 生이 포함된 단어는 또 무엇이 있을까요?

할아버지 조/조상 조
先祖
선조: 여러 대를 거슬러 올라가는 위 세대.

해 년(연)　달 월　날 일
生年月日
생년월일: 태어난 해와 달과 날.

先生

들 입　볼 견
先入見
선입견: 실제 경험보다 앞서 이미 마음속에 가지고 있는 고정적인 관념이나 관점.

목숨 명
生命
생명: 살아 있는 상태.

문해력 先과 生이 포함된 단어는 문장에서 어떻게 쓰일까요?

> 우리 담임 <u>先生</u>님은 국어를 가르치신다.

☆ 선생(先生)을 높여 부르기 위해 '-님'을 붙여 선생(先生)님이라고 합니다.

> 여기에 이름과 <u>生年月日</u>을 쓰세요.

☆ 생년월일(生年月日)은 개인 정보를 써야 하는 문서에서 자주 볼 수 있는 표현입니다.

08 동서

東西

동녘 **동**   서녘 **서**

東西(동서): 동쪽과 서쪽을 이르는 말.

획순 一 ㄱ ㅜ 亓 百 申 東 東   **부수** 木

東 東 東 東 東

획순 一 ㄱ 亓 丙 两 西   **부수** 西

西 西 西 西 西

어휘력 東과 西가 포함된 단어는 또 무엇이 있을까요?

바다 해
東 海
동해: 동쪽에 있는 바다.

바다 해
西 海
서해: 서쪽에 있는 바다.

東 西

큰 바다 양
東 洋
동양: 한국, 중국, 일본, 인도 등이 포함된 아시아의 동부 및 남부를 이르는 말.

큰 바다 양
西 洋
서양: 동양과 대비되는 말로, 유럽과 남북아메리카의 여러 나라들을 가리킴.

문해력 東과 西가 포함된 단어는 문장에서 어떻게 쓰일까요?

오늘 사회 시간에 <u>東洋</u>과 <u>西洋</u>의 문화 차이에 대해 배웠다.

☆ 동양(東洋)과 서양(西洋)을 합쳐 동서양(東西洋)이라고 합니다.

가족들과 함께 시원한 바닷바람을 쐬러 <u>東海</u>에 다녀왔다.

09 남북

南 北

남녘 **남**

북녘 **북**, 달아날 **배**

南北(남북): 남쪽과 북쪽을 이르는 말.

획순 一 十 ナ 六 冇 冇 宵 南 南   **부수** 十

南 南 南 南 南

획순 ㅣ ㅓ ㅓ 扌 北   **부수** 匕

北 北 北 北 北

어휘력 南과 北이 포함된 단어는 또 무엇이 있을까요?

바다 해
南 海
남해: 남쪽에 있는 바다.

말 두   일곱 칠   별 성
北 斗 七 星
북두칠성: 북쪽 하늘에 국자 모양을 이루고 있는 큰곰자리의 일곱 개의 별.

南 北

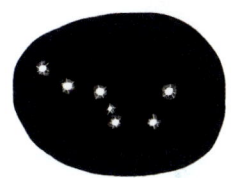

호수 호
湖 南
호남: 전라남도와 전라북도를 이르는 말.

패할 패
敗 北
패배: 싸움이나 경기 등에서 짐.

문해력 南과 北이 포함된 단어는 문장에서 어떻게 쓰일까요?

<u>湖南</u> 지방은 넓은 평야가 발달해 있어 곡식 생산량이 많다.

☆ 곡식 생산량이 많은 지역을 '곡창(穀倉)지대'라고 합니다.

우리 팀은 결승전에서 <u>敗北</u>의 쓴맛을 보았다.

☆ 패배(敗北)에서 배(北)는 '북녘 북'이 아닌 '달아날 배'로 쓰였습니다.

10 한강

漢 江

한수 한/한나라 한   강 강

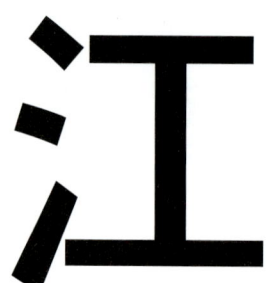

漢江(한강): 우리나라의 중부를 지나 서해로 흐르는 강.

획순 ` ` ⺡ 沙 氵 汁 汁 洴 洴 渶 渶 漢 漢 **부수** 氵

漢 漢 漢 漢 漢

획순 ` ` 氵 汀 江 江 **부수** 氵

江 江 江 江 江

어휘력 漢과 江이 포함된 단어는 또 무엇이 있을까요?

글자 **자**
漢 字
한자: 고대 중국에서 만든 문자.

메 **산**
江 山
강산: 강과 산, 즉 자연 경치를 의미함.

漢 江

볕 **양**
漢 陽
한양: 서울의 옛날 이름.

길 **장** / 클 대/큰 대 / 바다 **해**
長 江 大 海
장강대해: 길고 큰 강과 넓은 바다.

문해력 漢과 江이 포함된 단어는 문장에서 어떻게 쓰일까요?

> '한강'은 <u>漢字</u>로 '<u>漢江</u>'이라고 쓴다.

☆ 한자(漢字)는 고대 중국에서 만들어져 사용되었지만 지금 중국에서는 한자를 간결하게 바꾼 '간체자(簡體字)'를 사용합니다.

> 10년이면 <u>江山</u>도 변한다.

☆ 10년은 오랜 시간이라는 것을 의미하는 말입니다.

따라 쓰면서 복습

한자 쓰기 연습				단어 쓰기 연습	
日		月		▶	
날 일		달 월			일월
每		年		▶	
매양 매		해 년(연)			매년
千		萬		▶	
일천 천		일 만 만			천만
大		小		▶	
클 대/큰 대		작을 소			대소
男		女		▶	
사내 남		여자 녀(여)			남녀

01~10

한자 쓰기 연습				단어 쓰기 연습
父 아버지 부		母 어머니 모	▶	부모
先 먼저 선		生 날 생	▶	선생
東 동녘 동		西 서녘 서	▶	동서
南 남녘 남		北 북녘 북/ 달아날 배	▶	남북
漢 한수 한/ 한나라 한		江 강 강	▶	한강

문제 풀면서 복습

1 주어진 뜻과 음에 일치하는 한자를 찾아 알맞은 기호를 표시하세요.

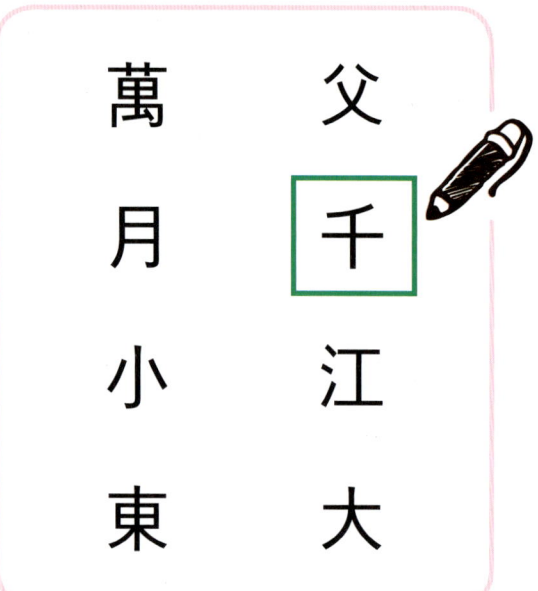

2 주어진 뜻과 한자를 연결하고 한자에 맞는 음을 쓰세요.

작다 •　　　　　• 男 ⇨

일 만 •　　　　　• 小 ⇨

해 •　　　　　• 萬 ⇨

남자 •　　　　　• 年 ⇨

어머니 •　　　　　• 母 ⇨

3 주어진 뜻과 어울리는 한자어에 O 표시하세요.

1) 남쪽과 북쪽. 　　　　南北 / 東西

2) 아버지와 아들. 　　　母子 / 父子

3) 학생을 가르치는 사람. 先祖 / 先生

4 다음 글을 읽고 주어진 한자가 각각 몇 번 나왔는지 그 횟수를 쓰세요.

내 생일은 오월 오일이다. 어린이날이랑 날짜가 똑같다.

그날은 휴일이라 부모님과 함께

바닷바람을 쐬러 동해에 갔다 왔다.

만일 내일 비가 오지 않으면,

나는 친구들과 함께 호수 공원에 갈 것이다.

입장료는 대인 만 원, 소인은 오천 원이다.

月 ⋯ ◯
休 ⋯ ◯
東 ⋯ ◯
大 ⋯ ◯
小 ⋯ ◯
萬 ⋯ ◯

마무리 퀴즈

<보기>의 12개 단어와 일치하는 한자어가 아래의 표에 숨어있어요.
번호 순서대로 표에서 한자어를 찾아 O 표시하세요.

<보기>

1) 매년   2) 천만   3) 대소   4) 남녀

5) 부모   6) 동해   7) 일월   8) 모녀

9) 생년월일   10) 한강   11) 선생   12) 강산

每	年	南	漢	先	生
王	月	千	萬	江	年
五	東	見	祖	一	月
西	海	里	父	母	日
江	山	人	男	女	子
休	北	大	小	入	文

11~20

이번 장에서 배울 내용입니다.
한자의 뜻과 음을 보고
단어의 의미를 유추해보세요.

國 나라 국	民 백성 민	土 흙 토	木 나무 목
水 물 수	道 길 도	四 넉 사	方 모 방/본뜰 방
人 사람 인	口 입 구	外 바깥 외	出 날 출
手 손 수	足 발 족	學 배울 학	校 학교 교
登 오를 등	山 메 산	教 가르칠 교	室 집 실

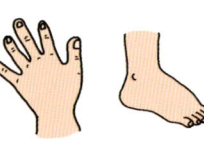

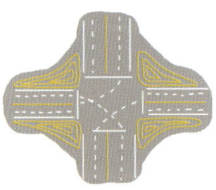

11 국민

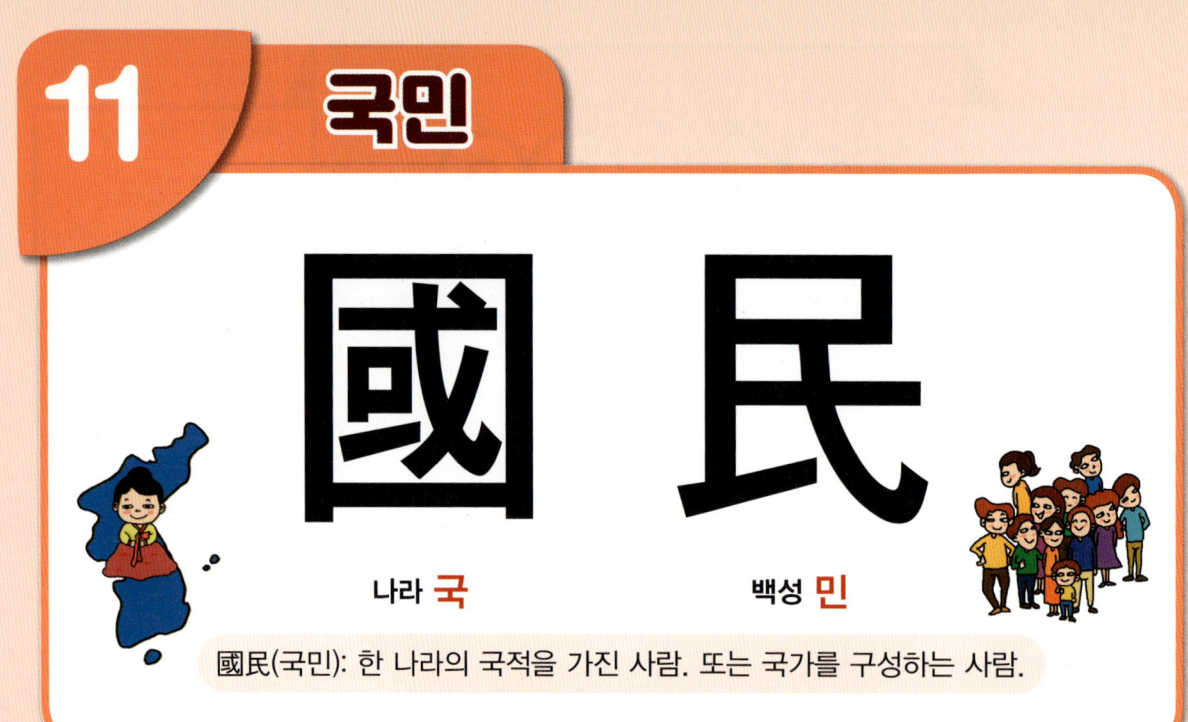

나라 국   **백성 민**

國民(국민): 한 나라의 국적을 가진 사람. 또는 국가를 구성하는 사람.

어휘력 國과 民이 포함된 단어는 또 무엇이 있을까요?

집 **가**
國 家
국가: 일정한 영토를 가지고 거기에 거주하는 사람들로 구성되며 주권에 의한 하나의 통치 조직을 가지는 집단.

살 **주**
住 民
주민: 일정한 지역에 살고 있는 사람.

國 民

설 **립**
國 立
국립: 공공의 이익을 위하여 나라에서 세우고 관리함.

클 **대**/큰 **대** 한국 **한**/나라 **한**
大 韓 民 國
대한민국: 아시아 대륙 동쪽에 위치하고, 한반도와 그 부속 도서를 영토로 하는 민주 공화국.

문해력 國과 民이 포함된 단어는 문장에서 어떻게 쓰일까요?

大韓民國의 모든 國民은 법 앞에 평등하다.

大韓民國은 자유 민주주의 國家이다.

12 토목

흙 토   나무 목

土木(토목): 흙과 나무를 이르는 말.

어휘력 土와 木이 포함된 단어는 또 무엇이 있을까요?

땅 **지**
土 地
토지: 사람이 생활하고 활동하는 데 이용하는 땅.

풀 **초**
草 木
초목: 풀과 나무.

土 木

씨 **종**
土 種
토종: 본래부터 그 땅에서 나는 종자.

심을 **식**　　날 **일**
植 木 日
식목일: 나무를 많이 심고 가꾸도록 국가에서 정한 날(4월 5일).

문해력 土와 木이 포함된 단어는 문장에서 어떻게 쓰일까요?

진돗개는 우리나라의 <u>土種</u>개이다.

지난 <u>植木日</u>에 나무 한 그루를 정성 들여 심었다.

13 수도

水 道

 물 수 　　　 길 도

水道(수도): 물을 관을 통해 보내는 시설. 또는 수돗물을 나오게 하는 장치.

획순 亅 亅 水 水　　　　**부수** 水

水　水　水　水　水

획순 丶 丷 䒑 苎 产 首 首 首 首 䒑 道 道　**부수** 辶

道　道　道　道　道

어휘력 水와 道가 포함된 단어는 또 무엇이 있을까요?

호수 **호**
湖 水
호수: 육지가 넓고 깊게 패어 물이 괴어 있는 곳.

효도 **효**
孝 道
효도: 부모를 잘 섬기는 도리.

水 道

얼음 **빙**
氷 水
빙수: 얼음을 잘게 부수어 과일, 연유 등을 넣은 음식.

길 **로**
道 路
도로: 사람이나 차가 다닐 수 있게 만들어 놓은 넓은 길.

문해력 水와 道가 포함된 단어는 문장에서 어떻게 쓰일까요?

더운 여름에는 시원한 팥**氷水**가 먹고 싶다.

교통사고로 인해 **道路**가 꽉 막혔다.

14 사방

四 方

넉 사   모 방/본뜰 방

四方(사방): 동, 서, 남, 북 모두를 이르는 말.
또는 여러 곳, 모든 곳을 비유적으로 나타내는 말.

획순 ㅣ 冂 冋 四 四   **부수** 口

| 四 | 四 | 四 | 四 | 四 |

획순 ㆍ 亠 方 方   **부수** 方

| 方 | 方 | 方 | 方 | 方 |

어휘력 四와 方이 포함된 단어는 또 무엇이 있을까요?

마디 **촌**
四寸
사촌: 아버지와 어머니의 친형제, 자매의 아들이나 딸과 촌수를 따져서 이르는 말.

향할 **향**
方向
방향: 어떤 곳을 향하는 쪽.

四方

여덟 **팔**
四方八方
사방팔방: 여기저기 모든 방향.

땅 **지**
地方
지방: 수도(서울) 이외의 지역. 또는 어느 방면에 있는 땅.

문해력 四와 方이 포함된 단어는 문장에서 어떻게 쓰일까요?

우리는 명절에 <u>四寸</u>들과 함께 전통놀이를 한다.

<u>方向</u>을 잃고 길을 헤매다가 친구와의 약속 시간에 늦었다.

15 인구

人 口

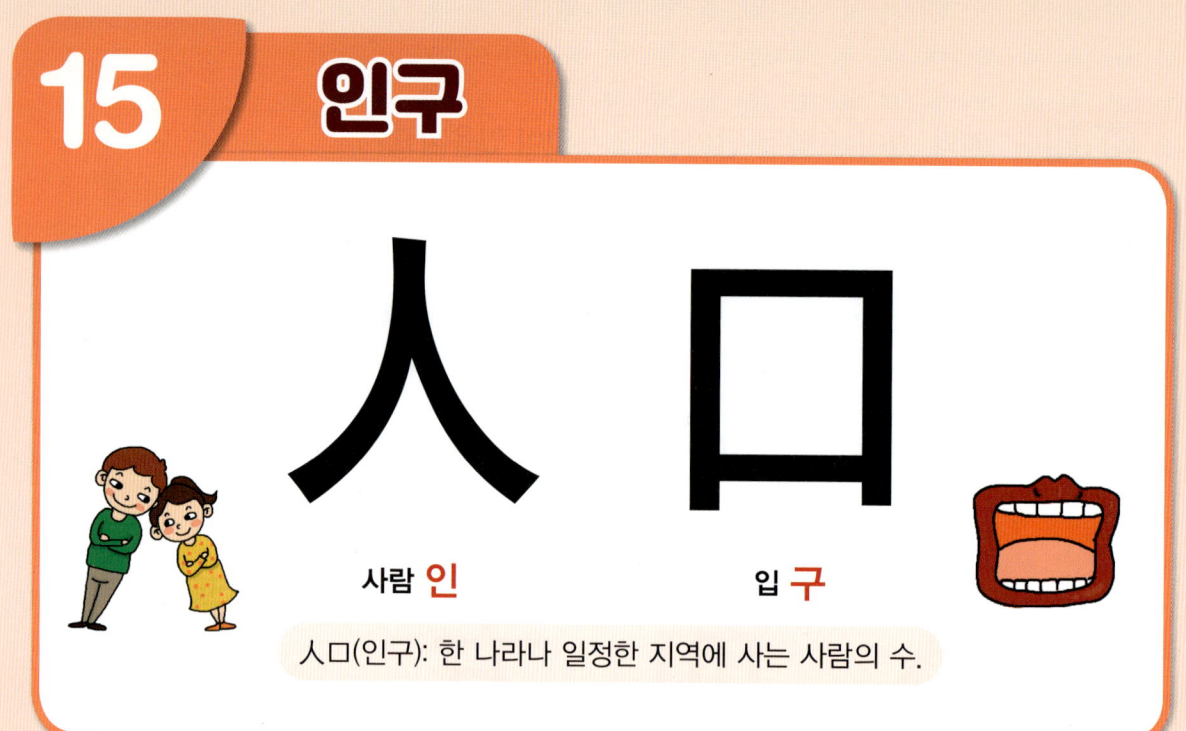

사람 인 | 입 구

人口(인구): 한 나라나 일정한 지역에 사는 사람의 수.

획순 丿 人 | 부수 人

人	人	人	人	人

획순 丨 冂 口 | 부수 口

口	口	口	口	口

어휘력 人과 口가 포함된 단어는 또 무엇이 있을까요?

주인 **주**
主人
주인: 어떤 대상이나 물건 등을 소유한 사람.

들 **입**
入口
입구: 들어가는 통로.

날 **생**
人生
인생: 사람이 세상을 살아가는 일.

밥 **식**/먹을 **식**
食口
식구: 한 집에 살면서 끼니를 함께 하는 사람.

문해력 人과 口가 포함된 단어는 문장에서 어떻게 쓰일까요?

우리나라 **人口**는 약 오천만이다.

친구네 집은 **食口**가 많아서 항상 집이 북적인다.

16 외출

外出

바깥 **외**  날 **출**

外出(외출): 집이나 회사 등에서 잠시 밖으로 나감.

획순 ノクタ夕外　　**부수** 夕

外　外　外　外　外

획순 丨屮屮出出　　**부수**凵

出　出　出　出　出

어휘력 外와 出이 포함된 단어는 또 무엇이 있을까요?

안 **내**
內 外
내외: 안과 밖.

입 **구**
出 口
출구: 밖으로 나가는 통로. ↔ 입구(入口)

外 出

사귈 **교**
外 交
외교: 국가 간에 정치적, 경제적, 문화적으로 맺는 관계.

들 **입**
出 入
출입: 어떤 곳을 드나드는 것.

문해력 外와 出이 포함된 단어는 문장에서 어떻게 쓰일까요?

우리나라는 약 200여 개의 나라들과 **外交** 관계를 맺고 있다.

이 창고는 외부인 **出入**이 금지된 곳이다.

☆ 나갔다 들어왔다 하는 문을 출입구(出入口)라고 합니다.

17 수족

手 足

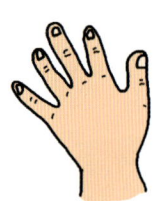 손 **수**   발 **족**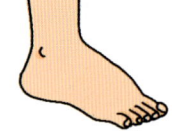

手足(수족): 손과 발.

획순 ノ 二 三 手   **부수** 手

手	手	手	手	手

획순 丨 口 口 日 日 尸 足   **부수** 足

足	足	足	足	足

어휘력 手와 足이 포함된 단어는 또 무엇이 있을까요?

장인 **공**
手工
수공: 손으로 하는 간단한 공예.

아닐 **부(불)**
不足
부족: 충분하지 않음.

手足

노래 **가**
歌手
가수: 노래 부르는 것이 직업인 사람.

채울 **충**
充足
충족: 넉넉해서 모자람이 없음.

문해력 手와 足이 포함된 단어는 문장에서 어떻게 쓰일까요?

그 **歌手**는 노래를 잘 부른다.

기후 변화로 인해 물 **不足** 국가가 증가하고 있다.

18 학교

學 校

배울 학   학교 교

學校(학교): 학생에게 교육을 실시하는 기관.

획순 ` ´ ⺊ ⺊ ⺊ ⺊ ⺊ ⺊ ⺊ ⺊ ⺊ 與 學 學   **부수** 子

學 學 學 學 學

획순 一 十 丬 木 木 术 朽 枂 校 校   **부수** 木

校 校 校 校 校

어휘력 學과 校가 포함된 단어는 또 무엇이 있을까요?

날 **생**
學生
학생: 배우는 사람.

온전할 **전**
全校
전교: 한 학교의 전체.

學校

해 **년(연)**
學年
학년: 일 년을 단위로 구분한 학교 교육의 단계.

아래 **하**
下校
하교: 공부를 끝내고 학교에서 집으로 돌아옴.

문해력 學과 校가 포함된 단어는 문장에서 어떻게 쓰일까요?

우리 **學校**는 **全校**생이 100명 정도인 작은 학교다.

☆ 전교생(全校生)은 학교의 모든 학생을 뜻합니다.

우리나라는 3월 초에 새 **學年**이 시작된다.

19 등산

오를 **등**   메 **산**

登山(등산): 산에 오름.

어휘력 登과 山이 포함된 단어는 또 무엇이 있을까요?

마당 **장**

登 場

등장: 사물, 인물 등이 새롭게 나옴. 또는 연극이나 소설 등에 인물이 나옴.

수풀 **림(임)**

山 林

산림: 산과 숲.

登 山

학교 **교**

登 校

등교: 학교에 출석함.

불 **화**

火 山

화산: 땅속에 있는 가스, 마그마 등이 지표로 분출하는 지점.

문해력 登과 山이 포함된 단어는 문장에서 어떻게 쓰일까요?

학생들이 <u>登校</u>할 때 아이들의 안전을 위해 학부모들이 교통정리를 한다.

무분별한 벌목과 화재로 인해 <u>山林</u>이 많이 파괴되었다.

20 교실

教 室

가르칠 교

집 실

教室(교실): 학교에서 학습활동이 이루어지는 방.

획순 ノ メ 冫 夹 并 考 孝 孝 孝 孝 教 教　　**부수** 攵

教 教 教 教 教

획순 丶 丶 宀 宀 宀 宏 宏 室 室　　**부수** 宀

室 室 室 室 室

어휘력 敎와 室이 포함된 단어는 또 무엇이 있을까요?

기를 **육**
敎 育
교육: 지식이나 기술 등을 가르치고, 바람직한 인성을 길러 줌.

안 **내**
室 內
실내: 방이나 건물의 안.

敎 室

모일 **회**
敎 會
교회: 예배나 미사 등의 종교적 의식을 진행할 수 있도록 세운 건물.

바깥 **외**
室 外
실외: 방이나 건물의 밖.

문해력 敎와 室이 포함된 단어는 문장에서 어떻게 쓰일까요?

우리 학교는 학생들을 위해 다양한 **敎育** 프로그램을 운영한다.

오늘은 미세 먼지 농도가 높기 때문에 **室外** 활동을 자제하는 것이 좋다.

따라 쓰면서 복습

한자 쓰기 연습			단어 쓰기 연습
國 나라 국	民 백성 민	▶	국민
土 흙 토	木 나무 목	▶	토목
水 물 수	道 길 도	▶	수도
四 넉 사	方 모 방/본뜰 방	▶	사방
人 사람 인	口 입 구	▶	인구

11~20

한자 쓰기 연습				단어 쓰기 연습
外 바깥 외		出 날 출	▶	외출
手 손 수		足 발 족	▶	수족
學 배울 학		校 학교 교	▶	학교
登 오를 등		山 메 산	▶	등산
敎 가르칠 교		室 집 실	▶	교실

문제 풀면서 복습

1 주어진 뜻과 음에 일치하는 한자를 찾아 알맞은 기호를 표시하세요.

2 주어진 뜻과 한자를 연결하고 한자에 맞는 음을 쓰세요.

바깥 •	• 外 ⇨
배우다 •	• 足 ⇨
발 •	• 學 ⇨
오르다 •	• 登 ⇨
집 •	• 室 ⇨

3 주어진 뜻과 어울리는 한자어에 O 표시하세요.

1) 부모를 잘 섬기는 도리.   水道 / 孝道

2) 동, 서, 남, 북 모두를 이르는 말.   四寸 / 四方

3) 사람이 세상을 살아가는 일.   人口 / 人生

4 다음 글을 읽고 주어진 한자가 각각 몇 번 나왔는지 그 횟수를 쓰세요.

나는 초등학생이다. 3월 초부터 새 학년이 시작된다.
우리 학교는 전교생이 100명 정도인 작은 학교다.
나는 사촌 동생과 등교와 하교를 같이 한다.
실내화를 신고 교실에 가니 학생들이 있었다.

學
校
四
登
室
教

마무리 퀴즈

<보기>의 12개 단어와 일치하는 한자어가 아래의 표에 숨어있어요.
번호 순서대로 표에서 한자어를 찾아 O 표시하세요.

<보기>

1) 국민   2) 토지   3) 수도   4) 사방팔방

5) 지방   6) 인구   7) 외출   8) 가수

9) 학교   10) 부족   11) 교실   12) 등산

國	住	立	草	歌	不
外	民	內	向	手	足
出	場	土	地	工	孝
四	方	八	方	水	道
寸	出	人	登	敎	室
學	校	口	植	山	木

21~30

이번 장에서 배울 내용입니다.
한자의 뜻과 음을 보고
단어의 의미를 유추해보세요.

世上 인간 세 / 윗 상 	天下 하늘 천 / 아래 하 
青春 푸를 청 / 봄 춘 	秋夕 가을 추 / 저녁 석 
空中 빌 공 / 가운데 중 	不平 아닐 부(불) / 평평할 평 
有名 있을 유 / 이름 명 	化石 될 화 / 돌 석 
工夫 장인 공 / 지아비 부 	市內 저자 시 / 안 내 

21 세상

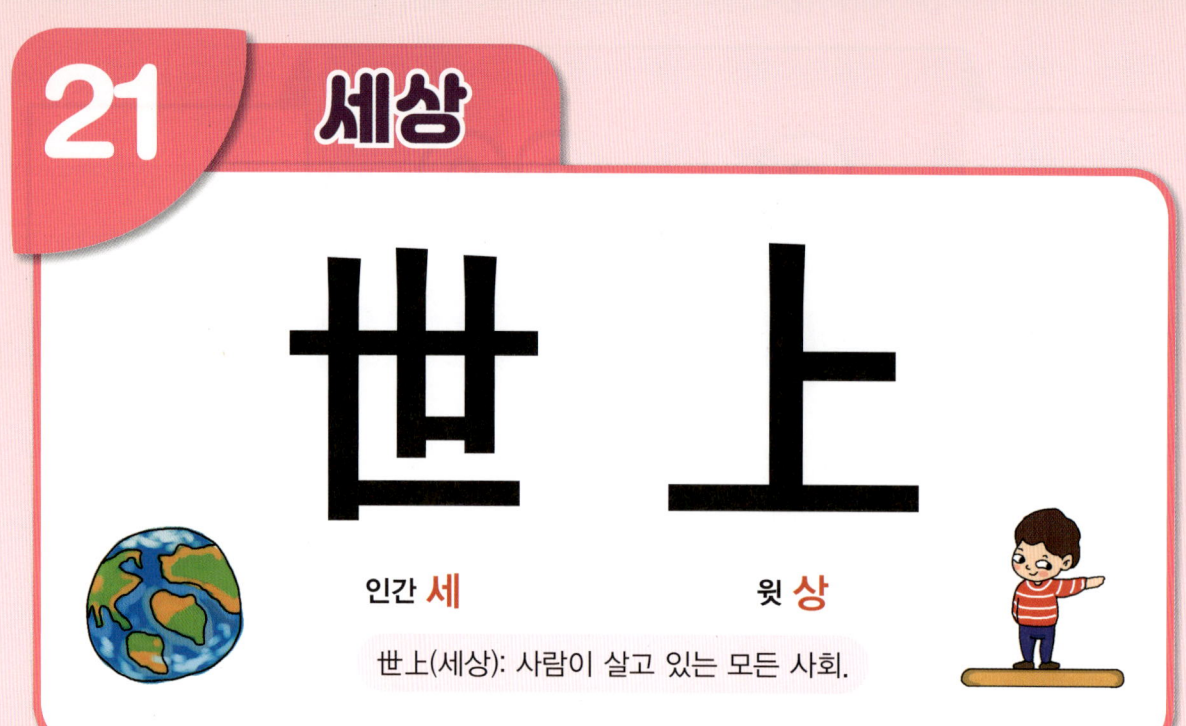

인간 세   윗 상

世上(세상): 사람이 살고 있는 모든 사회.

어휘력 世와 上이 포함된 단어는 또 무엇이 있을까요?

대신할 **대**
世代
세대: 같은 시대에 살면서 공통의 체험을 기반으로 공통의 의식을 가지는 비슷한 연령대의 사람 전체.

할아버지 **조**
祖上
조상: 자기가 살고 있는 이전의 모든 세대.

世 上

지경 **계**
世界
세계: 지구에 있는 모든 나라.

서울 **경**
上京
상경: 지방에서 서울로 감.

문해력 世와 上이 포함된 단어는 문장에서 어떻게 쓰일까요?

아이돌 가수는 젊은 <u>世代</u>에게 폭발적인 인기를 얻고 있다.

문화유산에는 <u>祖上</u>들의 정신과 지혜가 담겨 있다.

22 천하

天 下

하늘 **천**

아래 **하**

天下(천하): 하늘 아래 세상.

획순 ㇐ 二 チ 天			부수 大	
天	天	天	天	天

획순 一 丁 下			부수 一	
下	下	下	下	下

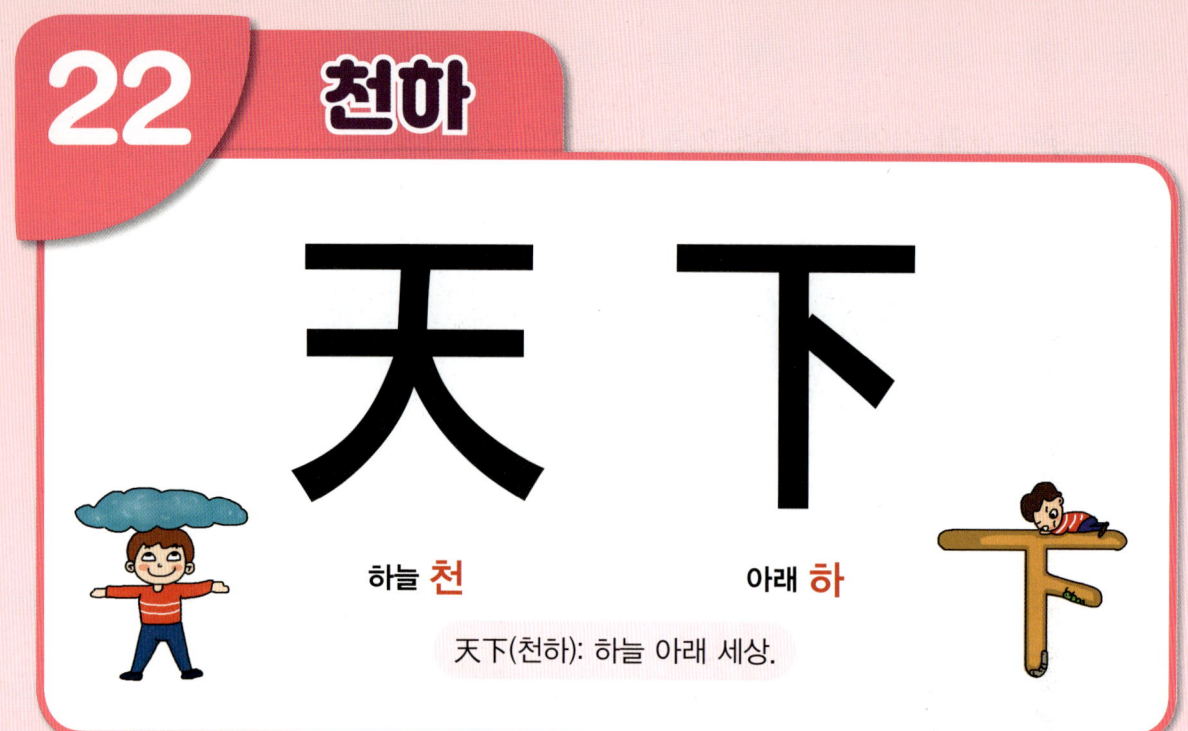

어휘력 天과 下가 포함된 단어는 또 무엇이 있을까요?

비 **우**
雨 天
우천: 비가 오는 날씨. 또는 비가 내리는 하늘.

땅 **지**
地 下
지하: 땅 밑 세계. 또는 땅 속을 파서 만든 구조물의 공간.

天 下

나라 **국**
天 國
천국: 하늘의 이상적인 세계. 또는 죽은 자가 가는 은총과 축복의 나라.

신하 **신**
臣 下
신하: 임금을 섬기며 나랏일을 하는 사람.

문해력 天과 下가 포함된 단어는 문장에서 어떻게 쓰일까요?

오늘 예정되었던 야구 경기는 <u>雨天</u>으로 인해 취소되었다.

아버지는 비가 오는 날에 <u>地下</u> 주차장에 차를 세워 두신다.

23 청춘

 靑 春

푸를 청　　　　봄 춘

靑春(청춘): 한창 젊은 나이. 또는 그런 시절을 봄에 비유하여 이르는 말.

획순 一 二 キ 主 靑 靑 靑 靑　　**부수** 靑

靑　靑　靑　靑　靑

획순 一 二 三 声 夫 表 春 春 春　　**부수** 日

春　春　春　春　春

어휘력 靑과 春이 포함된 단어는 또 무엇이 있을까요?

둘 **이** | 여덟 **팔**
二 八 **靑 春**

이팔청춘: 열여섯 살 무렵의 젊은 나이.

설 **립(입)**
立 **春**

입춘: 이십사절기 중 하나. 대한과 우수 사이에 봄이 시작되는 날.

靑 春

적을 **소**/젊을 **소** | 해 **년(연)**
靑 少 年

청소년: 청년과 소년을 아울러 이르는 말.

생각 **사** | 기약할 **기**
思 **春** 期

사춘기: 신체적, 정신적으로 성숙해지는 시기.

문해력 靑과 春이 포함된 단어는 문장에서 어떻게 쓰일까요?

할아버지는 연세가 많으시지만 마음은 아직 **靑春**이시다.

중학생인 우리 언니는 **思春期**인지 매우 예민하다.

24 추석

秋 夕

 가을 **추**　　　저녁 **석**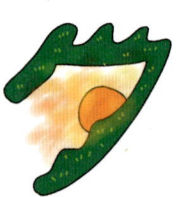

秋夕(추석): 우리나라 명절의 하나(음력 8월 15일).

획순 ´ ⼆ 千 千 禾 禾 禾′ 秋 秋　　**부수** 禾

秋	秋	秋	秋	秋

획순 ノ ク 夕　　**부수** 夕

夕	夕	夕	夕	夕

어휘력 秋와 夕이 포함된 단어는 또 무엇이 있을까요?

들 **입**
立 秋
입추: 이십사절기 중 하나.
대서(大暑)와 처서(處暑) 사이에 가을이 시작되는 날.

볕 **양**
夕 陽
석양: 저녁때의 저무는 해.

秋 夕

봄 **춘**　여름 **하**　　　겨울 **동**
春 夏 秋 冬
춘하추동: 봄, 여름, 가을, 겨울의 사계절.

아침 **조**
朝 夕
조석: 아침과 저녁.

문해력 秋와 夕이 포함된 단어는 문장에서 어떻게 쓰일까요?

秋夕이 다가오자 시장은 명절 음식을 준비하려는 사람들로 붐볐다.

도서관에서 늦게까지 공부하고 나오니 하늘에 붉은 夕陽이 물들어 있었다.

25 공중

빌 공　　　가운데 중

空中(공중): 하늘과 땅 사이의 빈 곳.

어휘력 空과 中이 포함된 단어는 또 무엇이 있을까요?

윗 **상**
上 空
상공: 높은 하늘. 또는 어떤 지역의 위에 있는 공중.

배울 **학**　학교 **교**
中 學 校
중학교: 초등학교와 고등학교 사이에 3년간의 중등 보통 교육을 실시하는 학교.

空　中

군사 **군**
空 軍
공군: 주로 공중에서 공격과 방어의 임무를 수행하는 군대.

마음 **심**
中 心
중심: 사물이나 장소의 한가운데. 또는 매우 중요하고 기본이 되는 부분.

문해력 空과 中이 포함된 단어는 문장에서 어떻게 쓰일까요?

우리 학교 上空으로 비행기 한 대가 날아갔다.

나는 내년에 형이 다니는 中學校에 입학한다.

26 불평

不 平

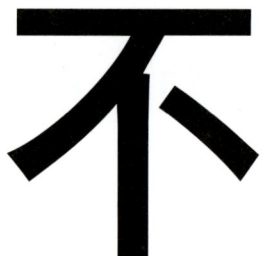
아닐 **부(불)**

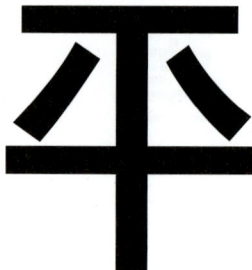
평평할 **평**

不平(불평): 마음에 들지 않아 못마땅하게 여김.

획순 一 ア オ 不　　　　**부수** 一

不	不	不	不	不

획순 一 ㄑ ㄒ ㄓ 平　　　　**부수** 干

平	平	平	平	平

어휘력 不과 平이 포함된 단어는 또 무엇이 있을까요?

효도 효
不孝
불효: 부모님께 자식된 도리를 하지 못함.

화할 화
平和
평화: 평온하고 화목한 상태.

不 平

편할 편
不便
불편: 어떤 것을 사용하거나 이용하기가 쉽지 않음. 또는 몸이나 마음이 편하지 않음.

날 생
平生
평생: 세상에 태어나서 죽을 때까지의 살아 있는 동안.

문해력 不과 平이 포함된 단어는 문장에서 어떻게 쓰일까요?

내 동생은 주문한 음식이 맛이 없다고 먹는 내내 <u>**不平**</u>했다.

이번 첫 해외여행은 <u>**平生**</u> 기억에 남을 것 같다.

27 유명

있을 유   이름 명

有名(유명): 이름이 세상에 널리 알려져 있음.

획순 一 ナ ナ 冇 有 有   **부수** 月

획순 ノ ク タ タ 名 名   **부수** 口

어휘력 有와 名이 포함된 단어는 또 무엇이 있을까요?

바 **소**
所有
소유: 가지고 있음.

성씨 **성**
姓名
성명: 성과 이름.

有名

없을 **무**
有無
유무: 있음과 없음.

없을 **무**
無名
무명: 이름이 세상에 알려져 있지 않음.

문해력 有와 名이 포함된 단어는 문장에서 어떻게 쓰일까요?

우리나라는 자연 경관이 아름답기로 **有名**하다.

그 사업가는 건물을 여러 채 **所有**하고 있다.

28 화석

化 石

될 화   돌 석

化石(화석): 지질 시대에 생존한 동식물의 유해나 흔적이 퇴적물에 매몰되거나 지상에 그대로 남아 있는 것.

획순 ノ イ 亻 化   **부수** 匕

化 化 化 化 化

획순 一 ア 丆 石 石   **부수** 石

石 石 石 石 石

어휘력 化와 石이 포함된 단어는 또 무엇이 있을까요?

글월 **문**
文化

문화: 자연상태에서 벗어나 인간이 한 사회에서 습득, 공유, 전달하는 행동 양식이나 생활 양식의 과정 또는 그 과정에서 이루어 낸 모든 것(의식주, 언어, 종교, 예술 등).

기름 **유**
石油

석유: 땅속에서 천연으로 나는 액체 탄화수소.

化石

늙을 **로(노)**
老化

노화: 시간이 흐르며 생체 구조와 기능이 약해지는 현상.

한 **일** 두 **이** 새 **조**
一石二鳥

일석이조: 한 개의 돌로 두 마리의 새를 잡는다는 뜻으로, 동시에 두 가지 이상의 이득을 본다는 것을 이르는 말.

문해력 化와 石이 포함된 단어는 문장에서 어떻게 쓰일까요?

민속촌에 가면 다양한 전통**文化**를 체험해 볼 수 있다.

석탄, **石油** 등의 **化石** 연료는 점점 고갈되고 있다.

29 공부

장인 공   지아비 부

工夫(공부): 학문이나 기술을 배움.

어휘력 工과 夫가 포함된 단어는 또 무엇이 있을까요?

마당 **장**
工 場
공장: 기계 등의 생산 설비를 갖추고 원료나 재료를 가공하여 물건을 만들어내는 곳.

선비 **사** 클 대/큰 대
士 大 夫
사대부: 옛날에 벼슬이 높은 집안의 사람을 이르는 말.

工 夫

사람 **인**
人 工
인공: 사람이 하는 일.

사람 **인**
夫 人
부인: 남의 아내를 높여 이르는 말.

문해력 工과 夫가 포함된 단어는 문장에서 어떻게 쓰일까요?

나는 우리 반에서 **工夫**를 제일 잘한다.

우리 마을 근처의 **人工** 호수에는 산책하는 사람들이 많다.

30 시내

市 內

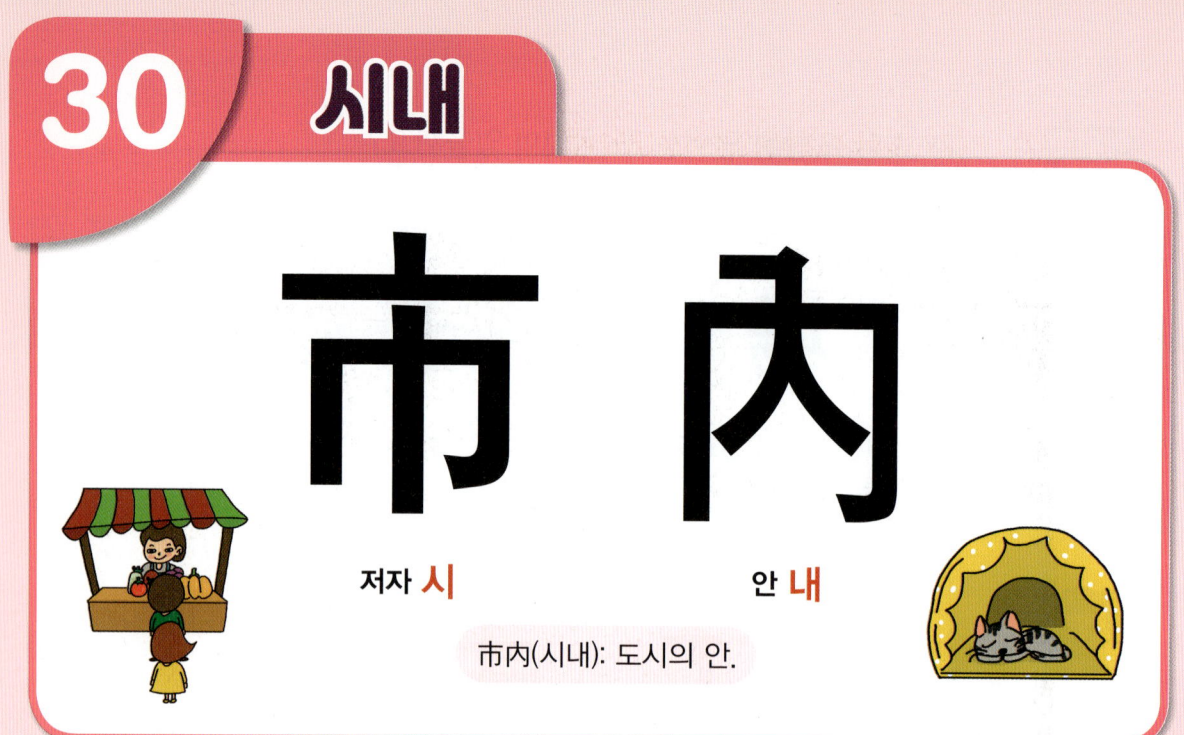

저자 시 안 내

市內(시내): 도시의 안.

획순 丶 亠 亠 市 市	부수 巾

市	市	市	市	市

획순 丨 冂 冂 內	부수 入

內	內	內	內	內

어휘력 市와 內가 포함된 단어는 또 무엇이 있을까요?

백성 **민**
市 民
시민: 시(市)에 사는 사람.

고을 **읍**
邑 內
읍내: 읍(邑)의 구역 안.

市 內

마당 **장**
市 場
시장: 상품을 사고 파는 장소.

나라 **국**
國 內
국내: 나라의 안.

문해력 市와 內가 포함된 단어는 문장에서 어떻게 쓰일까요?

전망대에 오르면 **市內**가 한눈에 내려다보인다.

해외 최신 스마트폰이 **國內**에 출시되었다.

따라 쓰면서 복습

한자 쓰기 연습				단어 쓰기 연습
世 인간 세		上 윗 상	▶	세상
天 하늘 천		下 아래 하	▶	천하
靑 푸를 청		春 봄 춘	▶	청춘
秋 가을 추		夕 저녁 석	▶	추석
空 빌 공		中 가운데 중	▶	공중

21~30

한자 쓰기 연습				단어 쓰기 연습
不 아닐 부(불)		平 평평할 평	▶	불평
有 있을 유		名 이름 명	▶	유명
化 될 화		石 돌 석	▶	화석
工 장인 공		夫 지아비 부	▶	공부
市 저자 시		内 안 내	▶	시내

문제 풀면서 복습

1 주어진 뜻과 음에 일치하는 한자를 찾아 알맞은 기호를 표시하세요.

2 주어진 뜻과 한자를 연결하고 한자에 맞는 음을 쓰세요.

평평하다 •   • 夕 ⇨

이름 •   • 名 ⇨

가을 •   • 秋 ⇨

봄 •   • 春 ⇨

저녁 •   • 平 ⇨

3 주어진 뜻과 어울리는 한자어에 O 표시하세요.

1) 하늘과 땅 사이의 빈 곳.   空軍 / 空中

2) 이름이 세상에 널리 알려져 있음.   無名 / 有名

3) 사람이 살고 있는 모든 사회.   世代 / 世上

4 다음 글을 읽고 주어진 한자가 각각 몇 번 나왔는지 그 횟수를 쓰세요.

추석 때가 다가오니 시내 근처 시장은 사람으로 붐볐다.
언니는 걷는 내내 배고프다고 불평했다.
점심을 먹고 나서야 우리에게도 평화가 찾아왔다.
엄마는 언니가 사춘기인 것 같다고 하셨다.

秋 ····
夕 ····
場 ····
平 ····
和 ····
春 ····

마무리 퀴즈

<보기>의 12개 단어와 일치하는 한자어가 아래의 표에 숨어있어요.
번호 순서대로 표에서 한자어를 찾아 O 표시하세요.

<보기>

1) 세상   2) 청춘   3) 석양   4) 입추
5) 시내   6) 공중   7) 불효   8) 평생
9) 우천   10) 유명   11) 화석   12) 공장

國	空	中	靑	夕	立
祖	夫	入	春	陽	姓
世	上	秋	和	有	名
不	平	化	心	夏	工
孝	軍	生	石	市	場
雨	天	冬	油	內	臣

31~40

이번 장에서 배울 내용입니다.
한자의 뜻과 음을 보고
단어의 의미를 유추해보세요.

自力	行動
스스로 자 　 힘 력	다닐 행 　 움직일 동
良心	多幸
어질 량(양) 　 마음 심	많을 다 　 다행 행
安全	事物
편안 안 　 온전할 전	일 사 　 물건 물
前後	氣運
앞 전 　 뒤 후	기운 기 　 옮길 운
時間	弟子
때 시 　 사이 간	아우 제 　 아들 자

31 자력

스스로 **자**　　　힘 **력**

自力(자력): 자기 혼자의 힘.

획순 ´ 冂 冂 冋 自 自　　**부수** 自

自　自　自　自　自

획순 丁 力　　**부수** 力

力　力　力　力　力

어휘력 自와 力이 포함된 단어는 또 무엇이 있을까요?

설 **립**
自 立
자립: 남에게 의지하지 않고 스스로의 힘으로 섬.

볼 **시**
視 力
시력: 어떤 것을 인식하는 눈의 능력.

自 力

말미암을 **유**
自 由
자유: 무엇에 얽매이지 않고 자기 마음대로 할 수 있는 상태.

능할 **능**
能 力
능력: 일을 감당해낼 수 있는 힘.

문해력 自와 力이 포함된 단어는 문장에서 어떻게 쓰일까요?

우리는 쉬는 시간에 운동장에서 <u>自由</u>롭게 뛰어놀았다.

나는 안경원에 가서 안경을 맞추기 위해 <u>視力</u>을 측정했다.

89

32 행동

行 動

다닐 행

움직일 동

行動(행동): 어떤 동작이나 일을 함.

획순 ` ′ ⼻ ⼻ 彳 行 行`　　**부수** 行

行 行 行 行 行

획순 ` ′ ⼆ ⼹ 台 台 台 旨 重 重 動 動`　　**부수** 力

動 動 動 動 動

어휘력 行과 動이 포함된 단어는 또 무엇이 있을까요?

착할 **선**
善 行
선행: 착한 행실.

스스로 **자**   수레 **차**
自 動 車
자동차: 원동기로 바퀴를 굴려서 땅 위를 움직이도록 만든 차.

行   動

말씀 **언**
言 行
언행: 말과 행동.

힘 **력**
動 力
동력: 전기나 자연에 있는 에너지를 기계적인 에너지로 바꾼 것. 또는 어떤 일을 발전시키고 밀고 나가는 힘.

문해력 行과 動이 포함된 단어는 문장에서 어떻게 쓰일까요?

나는 선생님께 나의 버릇없는 **行動**에 대해 정중히 사과드렸다.

도로 위에 **自動車**가 끝없이 늘어서 있다.

33 양심

良 心

어질 량(양)   마음 심

良心(양심): 어떤 행위의 옳고 그름과 선과 악을 구별하는 도덕적 마음씨.

획순 `ヽ ㄱ ㅋ ㅋ 白 白 良 良`   **부수** 艮

良　良　良　良　良

획순 `丿 心 心 心`   **부수** 心

心　心　心　心　心

어휘력 良과 心이 포함된 단어는 또 무엇이 있을까요?

아닐 **부(불)**

不 良

불량: 행실이나 성품이 바르지 못함. 또는 물건 등의 품질이나 상태가 나쁨.

뜻 **정**

心 情

심정: 마음속에 품고 있는 생각이나 감정.

良 心

착할 **선**

善 良

선량: 행실이나 성품이 어질고 착함.

한 **일**　조각 **편**　붉을 **단**

一 片 丹 心

일편단심: 한 조각의 붉은 마음이라는 뜻으로, 변하지 않는 마음을 이르는 말.

문해력 良과 心이 포함된 단어는 문장에서 어떻게 쓰일까요?

나는 부모님께 거짓말을 하고 나서 **良心**의 가책을 느꼈다.

나는 친구에게 괴로운 **心情**을 털어놓았다.

34 다행

 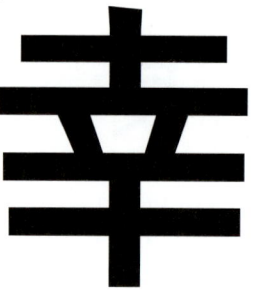

많을 다　　　　　다행 행

多幸(다행): 뜻밖에 일이 잘 풀려 마음이 놓임.

획순 ノ ク タ タ 多 多　　　　**부수** 夕

획순 一 十 土 キ 卉 坴 圶 幸　　　　**부수** 干

어휘력 多와 幸이 포함된 단어는 또 무엇이 있을까요?

일천 **천**　일만 **만**　　　　　　　　　　　　　복 **복**

千　萬　多　幸　　　　　　　　幸　福

천만다행: 매우 다행임.　　　　　　　**행복**: 복된 좋은 운수.

多　幸

뜻 **정**　　　　　　　　　　아닐 **부(불)**

多　情　　　　　　　　　　不　幸

다정: 정이 많음.　　　　　　　　　　**불행**: 행복하지 않음.
　　　　　　　　　　　　　　　　　또는 그런 일.

문해력 多와 幸이 포함된 단어는 문장에서 어떻게 쓰일까요?

어제 자전거를 타다가 넘어졌지만 다치지 않은 것이 千萬多幸이다.

그는 화목한 가정에서 幸福한 유년시절을 보냈다.

35 안전

安全

편안 **안**

온전할 **전**

安全(안전): 위험이 생기거나 사고가 날 염려가 없는 상태.

획순 丶丷宀宀安安　　**부수** 宀

安　安　安　安　安

획순 丿入入个全全全　　**부수** 入

全　全　全　全　全

어휘력 安과 全이 포함된 단어는 또 무엇이 있을까요?

마음 **심**
安 心
안심: 걱정을 떨쳐 버리고 마음을 편히 가짐.

일 만 **만**
萬 全
만전: 조금의 위험도 없이 아주 안전함.

安 全

아닐 **부(불)**
不 安
불안: 마음이 편하지 않음.

때 **부**/거느릴 **부**
全 部
전부: 어느 한 부분이 아니라 전체가 다.

문해력 安과 全이 포함된 단어는 문장에서 어떻게 쓰일까요?

자동차를 탈 때는 항상 **安全**벨트를 매야 한다.

여름에는 홍수 피해 예방에 **萬全**을 기해야 한다.

36 사물

事 物

일 **사**   물건 **물**

事物(사물): 일과 물건을 아울러 이르는 말.

| 획순 | 一 丅 丆 亐 写 写 写 事 | | | | 부수 亅 |

| 事 | 事 | 事 | 事 | 事 |

| 획순 | ノ 丿 牜 牛 牜 牤 物 物 | | | | 부수 牛 |

| 物 | 物 | 物 | 物 | 物 |

어휘력 事와 物이 포함된 단어는 또 무엇이 있을까요?

밥 **식**/먹을 **식**
食 事
식사: 음식을 먹음. 또는 그 음식.

움직일 **동**
動 物
동물: 사람 이외의 짐승.

事 物

업 **업**
事 業
사업: 목적과 계획을 세워서 지속적으로 경영함. 또는 그 일.

심을 **식**
植 物
식물: 생물 중에서 동물과 구별되는 갈래의 하나로 대체로 움직일 수 없고, 신경과 감각이 거의 없으나 세포벽이 있음.

문해력 事와 物이 포함된 단어는 문장에서 어떻게 쓰일까요?

어머니는 가족을 위해 저녁 **食事**를 차리셨다.

주말에 우리 가족은 **動物**원에 놀러 갔다.

☆ 각지의 동물들을 관람할 수 있도록 한 시설을 동물원(動物園)이라고 합니다.

37 전후

前 後

앞 **전**　　　뒤 **후**

前後(전후): 앞과 뒤.

| 획순 | ⼂ ⼃ ⼧ ⼧ ⼧ ⼧ 前 前 前 | 부수 ⼑ |

前　前　前　前　前

| 획순 | ⼂ ⼃ ⼻ ⼻ ⼻ ⼻ 後 後 | 부수 ⼻ |

後　後　後　後　後

어휘력 前과 後가 포함된 단어는 또 무엇이 있을까요?

낮 **오**
午 前
오전: 자정부터 낮 열두 시까지의 동안.

낮 **오**
午 後
오후: 정오로부터 밤 열두 시까지의 동안.

前 後

일 **사**
事 前
사전: 일이 일어나기 전이나 시작하기 전.

죽을 **사**   약 **약**   모 **방**/본뜰 **방**   글월 **문**
死 後 藥 方 文
사후약방문: 죽은 뒤에 약방문(藥方文)을 쓴다는 뜻으로, 때가 지난 뒤에 후회해도 소용없음을 의미함.

* 약방문(藥方文)이란 약을 짓기 위해 약의 이름과 분량을 적은 종이를 말합니다.

문해력 前과 後가 포함된 단어는 문장에서 어떻게 쓰일까요?

우리 반에 새로 오신 담임 선생님은 40대 **前後**로 보였다.

午前에 비가 오더니 **午後**에는 햇빛이 쨍쨍하다.

38 기운

氣 運

기운 **기**　　　옮길 **운**

氣運(기운): 생물이 살아 움직이는 힘. 또는 눈에 보이지 않지만 분위기 등으로 알 수 있는 느낌.

획순 ノ ┌ ┍ 气 气 気 気 氧 氣 氣　　**부수** 气

氣	氣	氣	氣	氣

획순 冖 冖 冖 冝 宮 宮 官 宣 軍 軍 軍 運 運　　**부수** 辶

運	運	運	運	運

어휘력 氣와 運이 포함된 단어는 또 무엇이 있을까요?

빈 공
空 氣
공기: 지구를 둘러싼 대기의 하층 부분을 구성하는 기체의 혼합물.

움직일 동
運 動
운동: 신체 단련이나 건강을 위하여 몸을 움직이는 일.

氣 運

사람 인
人 氣
인기: 어떤 대상에게 쏠리는 많은 사람들의 높은 관심, 호감.

다행 행
幸 運
행운: 좋은 운수.

문해력 氣와 運이 포함된 단어는 문장에서 어떻게 쓰일까요?

삼촌은 젊었을 때 <u>人氣</u> 있는 <u>運動</u>선수였다.

선생님께서는 성적이 떨어진 것에 너무 상심하지 말고 <u>氣運</u> 내라며 위로해 주셨다.

39 시간

時 間

때 **시**   사이 **간**

時間(시간): 어느 한 시점에서 다른 시점 사이의 간격.

| 획순 | 丨 冂 日 日 日⁻ 旪 㫑 時 時 | 부수 日 |

時 時 時 時 時

| 획순 | 丨 冂 冂 門 門 門 門 閂 閆 間 間 | 부수 門 |

間 間 間 間 間

어휘력 時와 間이 포함된 단어는 또 무엇이 있을까요?

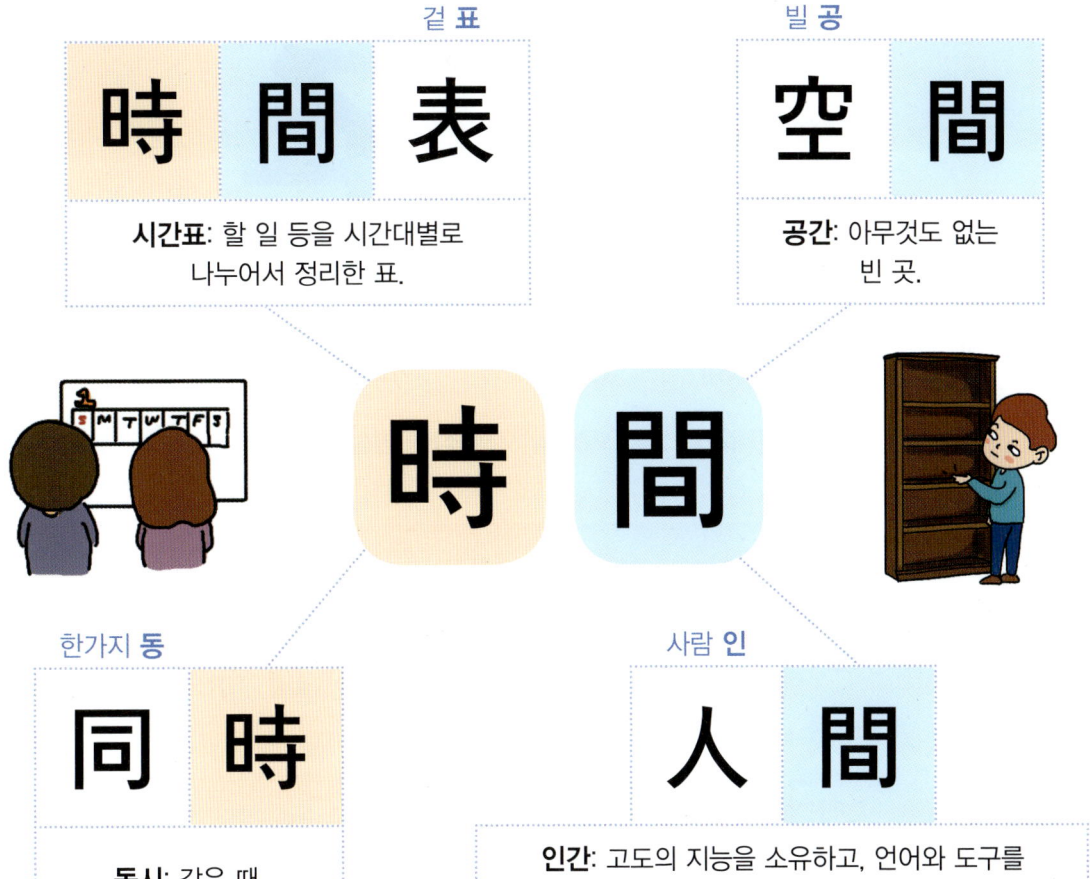

겉 표
時 間 表
시간표: 할 일 등을 시간대별로 나누어서 정리한 표.

빌 공
空 間
공간: 아무것도 없는 빈 곳.

時 間

한가지 동
同 時
동시: 같은 때.

사람 인
人 間
인간: 고도의 지능을 소유하고, 언어와 도구를 사용하며 사회를 이루어 생활하는 동물.

문해력 時와 間이 포함된 단어는 문장에서 어떻게 쓰일까요?

나는 수업 <u>**時間**</u>에 배운 것을 복습했다.

강당에는 빈 <u>**空間**</u>이 없을 정도로 많은 학생들이 모여 있었다.

40 제자

弟 子

아우 제   아들 자

弟子(제자): 스승으로부터 가르침을 받는 사람.

획순 丶丷丫兰兰弟弟   **부수** 弓

弟 弟 弟 弟 弟

획순 丁了子   **부수** 子

子 子 子 子 子

어휘력 弟와 子가 포함된 단어는 또 무엇이 있을까요?

형 **형**
兄 弟
형제: 형과 아우. 또는 형제와 자매, 남매를 통틀어 이르는 말.

효도 **효**
孝 子
효자: 부모를 잘 섬기는 아들.

弟 子

스승 **사**
師 弟
사제: 스승과 제자.

숨쉴 **식**
子 息

자식: 부모가 낳은 아이.

문해력 弟와 子가 포함된 단어는 문장에서 어떻게 쓰일까요?

스승의 날에 선생님의 <u>弟子</u>들이 학교를 방문했다.

부모님은 우리 <u>兄弟</u>에게 우애 있게 지내라고 말씀하셨다.

따라 쓰면서 복습

한자 쓰기 연습				단어 쓰기 연습
自		力		
스스로 자		힘 력	▶	자력
行		動		
다닐 행		움직일 동	▶	행동
良		心		
어질 량(양)		마음 심	▶	양심
多		幸		
많을 다		다행 행	▶	다행
安		全		
편안 안		온전할 전	▶	안전

31~40

한자 쓰기 연습			단어 쓰기 연습
事 일 사	物 물건 물	▶	사물
前 앞 전	後 뒤 후	▶	전후
氣 기운 기	運 옮길 운	▶	기운
時 때 시	間 사이 간	▶	시간
弟 아우 제	子 아들 자	▶	제자

문제 풀면서 복습

1 주어진 뜻과 음에 일치하는 한자를 찾아 알맞은 기호를 표시하세요.

2 주어진 뜻과 한자를 연결하고 한자에 맞는 음을 쓰세요.

아우 •　　　　　• 多 ⇨

옮기다 •　　　　• 弟 ⇨

온전하다 •　　　• 運 ⇨

많다 •　　　　　• 全 ⇨

스스로 •　　　　• 自 ⇨

3 주어진 뜻과 어울리는 한자어에 O 표시하세요.

1) 행실이나 성품이 바르지 못함.   不良 / 良心

2) 말과 행동.   言行 / 善行

3) 복된 좋은 운수.   幸福 / 不幸

4 다음 글을 읽고 주어진 한자가 각각 몇 번 나왔는지 그 횟수를 쓰세요.

나는 어제 자전거를 타다가 자동차와 부딪혔다.

다행히 나는 안전을 위해 헬멧을 쓰고 있었다.

다리가 아팠지만, 의사 선생님이 가벼운 타박상이라고 하여 안심했다.

내 자전거와 휴대 전화가 전부 망가졌지만 이만하기 천만다행이었다.

自 ○
動 ○
安 ○
全 ○
多 ○
幸 ○

마무리 퀴즈

<보기>의 12개 단어와 일치하는 한자어가 아래의 표에 숨어있어요.
번호 순서대로 표에서 한자어를 찾아 O 표시하세요.

〈보기〉

1) 자력 2) 제자 3) 행동 4) 양심

5) 만전 6) 사물 7) 오전 8) 오후

9) 기운 10) 인기 11) 사업 12) 시간

安	自	力	善	行	兄
行	動	由	幸	時	間
良	視	萬	全	同	力
心	午	後	人	氣	不
立	前	食	事	空	運
弟	子	息	業	物	左

41~50

이번 장에서 배울 내용입니다.
한자의 뜻과 음을 보고
단어의 의미를 유추해보세요.

作 지을 작 品 물건 품
正 바를 정 直 곧을 직
問 물을 문 答 대답 답
共 한가지 공/함께 공 同 한가지 동
農 농사 농 村 마을 촌

意 뜻 의 見 볼 견
食 밥 식/먹을 식 堂 집 당
身 몸 신 體 몸 체
活 살 활 用 쓸 용
科 과목 과 目 눈 목

41 작품

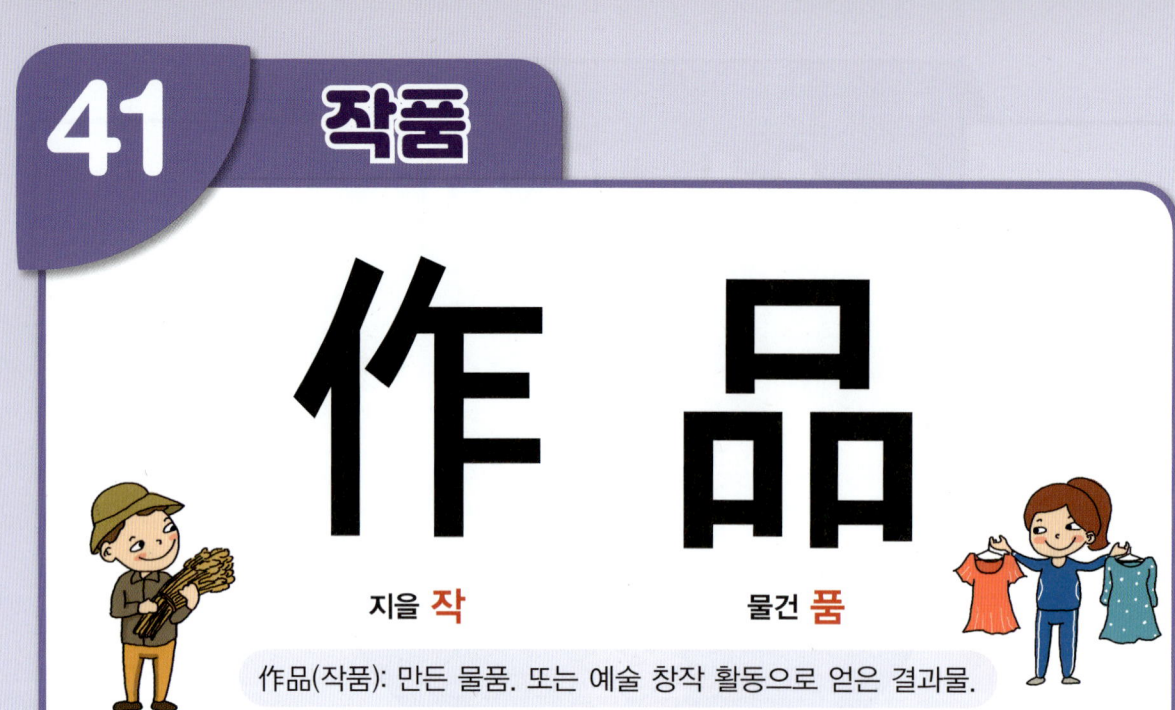

지을 **작**　　　　물건 **품**

作品(작품): 만든 물품. 또는 예술 창작 활동으로 얻은 결과물.

획순 ノ 亻 亻 亻 仵 作 作　　　**부수** 亻

作　作　作　作　作

획순 丨 冂 冋 口 吊 品 品 品 品　　　**부수** 口

品　品　品　品　品

어휘력 作과 品이 포함된 단어는 또 무엇이 있을까요?

움직일 **동**
動 作
동작: 몸이나 손발의 움직임.

밥 **식**/먹을 **식**
食 品
식품: 사람이 먹을 수 있는 음식물을 모두 이르는 말.

作 品

마음 **심**   석 **삼**   날 **일**
作 心 三 日
작심삼일: 마음을 단단히 먹은 것이 삼 일을 가지 못한다는 뜻.

이름 **명**
名 品
명품: 뛰어나거나 이름 난 물건이나 작품.

문해력 作과 品이 포함된 단어는 문장에서 어떻게 쓰일까요?

> 이번 전시회에서 국내 화가들의 멋진 **作品**을 감상할 수 있었다.

> 나는 새해마다 열심히 공부하겠다고 다짐하지만 **作心三日**로 끝나고 만다.

42 의견

意 見

뜻 의　　　　　　볼 견

意見(의견): 어떤 대상에 대하여 가지는 생각.

| 획순 | 丶 亠 亠 产 立 产 音 音 音 音 意 意 意 | 부수 心 |

| 意 | 意 | 意 | 意 | 意 |

| 획순 | 丨 冂 冃 月 目 貝 見 | 부수 見 |

| 見 | 見 | 見 | 見 | 見 |

어휘력 意와 見이 포함된 단어는 또 무엇이 있을까요?

맛 미
意 味
의미: 말이나 글의 뜻.

물건 물 날 생 마음 심
見 物 生 心
견물생심: 어떤 물건을 보면 그것을 가지고 싶은 마음이 생김.

意 見

한가지 동
同 意
동의: 어떤 의견에 찬성하거나 의견을 같이 함.

배울 학
見 學
견학: 어떤 장소에 직접 방문하여 그곳에서 구체적인 지식을 배움.

문해력 意와 見이 포함된 단어는 문장에서 어떻게 쓰일까요?

학급 회의 시간에 학생들이 자신의 <u>意見</u>을 자유롭게 이야기했다.

이번 금요일에 우리 반은 박물관으로 <u>見學</u>을 간다.

43 정직

바를 **정**　　　곧을 **직**

正直(정직): 마음에 거짓이 없고, 바르고 곧음.

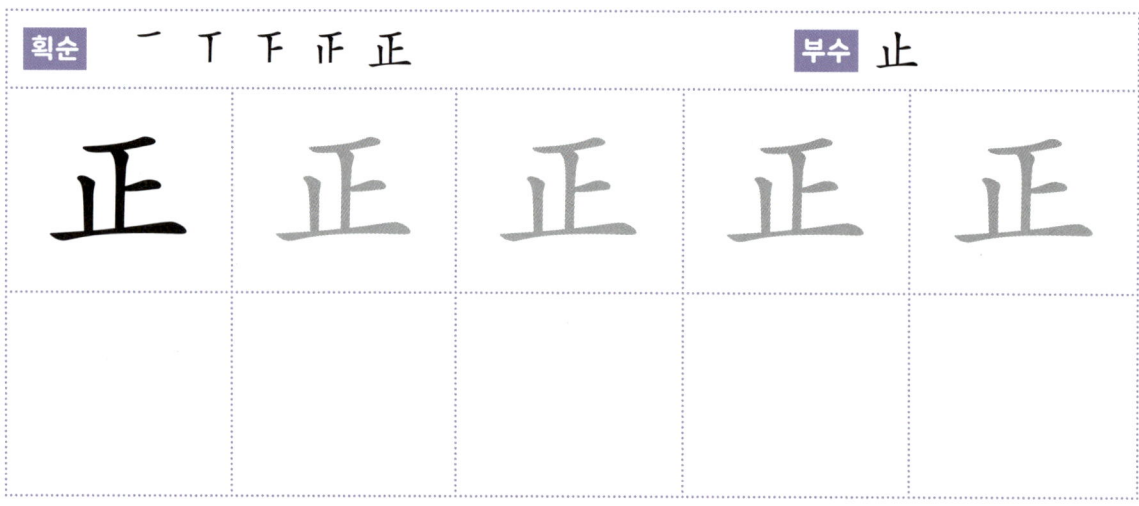

획순 一 丁 下 正 正　　**부수** 止

正　正　正　正　正

획순 一 十 亠 冇 古 冇 直 直　　**부수** 目

直　直　直　直　直

어휘력 正과 直이 포함된 단어는 또 무엇이 있을까요?

낮 **오**
正午
정오: 낮 열두 시.

앞 **전**
直前
직전: 어떤 일이 생기기 바로 전.

正 直

공평할 **공**
公正
공정: 공평하고 올바름.

뒤 **후**
直後
직후: 어떤 일이 있고 난 바로 다음.

문해력 正과 直이 포함된 단어는 문장에서 어떻게 쓰일까요?

학교에서는 <u>正午</u> 무렵에 점심을 먹는다.

식사를 하고 난 <u>直後</u>에 바로 눕지 않는 것이 좋다.

44 식당

食 堂

밥 식/먹을 식　　　　집 당

食堂(식당): 식사를 할 수 있는 시설을 갖춘 장소. 또는 음식을 만들어 파는 가게.

획순 ノ 人 ㅅ 今 今 슬 食 食 食　　**부수** 食

食　食　食　食　食

획순 ノ ㅏ ㅑ ㅑ 씨 씨 씨 씨 씨 씨 堂　　**부수** 土

堂　堂　堂　堂　堂

어휘력 食과 堂이 포함된 단어는 또 무엇이 있을까요?

사이 **간**
間 食

간식: 끼니 사이에 간단히 음식을 먹음. 또는 그 음식.

바를 **정** 바를 **정**
正 正 堂 堂

정정당당: 수단이 공정하고 태도가 떳떳함.

食 堂

옷 **의** 살 **주**
衣 食 住

의식주: 인간 생활의 기본 요소인 옷, 음식, 집을 이르는 말.

밝을 **명**
明 堂

명당: 풍수지리에서 말하는 이상적인 공간. 또는 어떤 일에 좋은 자리.

문해력 食과 堂이 포함된 단어는 문장에서 어떻게 쓰일까요?

우리 가족은 유명한 **食堂**으로 외식을 하러 갔다.

월드컵에 참가한 선수들 모두 **正正堂堂**하게 승부를 겨뤘다.

45 문답

問 答

물을 문

대답 답

問答(문답): 물음과 대답.

획순 丨 冂 冂 冃 冃 門 門 門 問 問 問   **부수** 口

問 問 問 問 問

획순 丿 𠂉 𥫗 𥫗 𥫗 𥫗 𥫗 答 答 答 答 答   **부수** 竹

答 答 答 答 答

어휘력 問과 答이 포함된 단어는 또 무엇이 있을까요?

동녘 **동** / 서녘 **서**

東 問 西 答

동문서답: 동쪽을 묻자 서쪽을 답한다는 말로, 질문에 대해 엉뚱한 대답을 한다는 뜻.

바를 **정**

正 答

정답: 옳은 답.

問 答

편안 **안**

問 安

문안: 웃어른께 안부를 여쭈어 보는 것. 또는 그런 인사.

스스로 **자** / 스스로 **자**

自 問 自 答

자문자답: 스스로 묻고 스스로 답함.

문해력 問과 答이 포함된 단어는 문장에서 어떻게 쓰일까요?

친구의 질문에 그는 **東問西答**을 하며 딴청을 피웠다.

논술 시험에는 정해진 **正答**이 없다.

46 신체

몸 신   몸 체

身體(신체): 사람의 몸.

획순 ´ ⺁ ⺆ 亻 自 身 身   **부수** 身

身　身　身　身　身

획순 丨 冂 冃 日 罒 罒 罒 骨 骨 骨 骨 骨 骨 骨 骨 體 體 體 體 體 體 體   **부수** 骨

體　體　體　體　體

어휘력 身과 體가 포함된 단어는 또 무엇이 있을까요?

마땅 **당**
當 身
당신: 상대방이나 듣는 사람을 가리키는 대명사.

온전할 **전**
全 體
전체: 여러 요소들로 이루어진 것들의 모두.

身 體

스스로 **자**
自 身
자신: 그 사람의 몸 또는 그 사람을 이르는 말.

기를 **육**
體 育
체육: 신체를 튼튼하게 단련시키는 일. 또는 그런 목적으로 하는 운동.

문해력 身과 體가 포함된 단어는 문장에서 어떻게 쓰일까요?

'너 <u>自身</u>을 알라'는 소크라테스가 한 말로 유명하다.

우리 반은 학교 <u>體育</u> 대회에서 우승을 했다.

47 공동

한가지 공/함께 공   한가지 동

共同(공동): 여러 사람이나 단체가 함께 일을 함.

| 획순 | 一 十 卄 圵 共 共 | | | 부수 | 八 |

共	共	共	共	共

| 획순 | 丨 冂 冂 同 同 同 | | | 부수 | 口 |

同	同	同	同	同

어휘력 共과 同이 포함된 단어는 또 무엇이 있을까요?

있을 **유**
共 有
공유: 두 사람 이상이 하나의 물건을 같이 소유함.

한 **일**　마음 **심**　몸 **체**
一 心 同 體
일심동체: 마음을 하나로 합쳐서 한마음 한 몸이 됨.

共 同

공평할 **공**
公 共
공공: 국가나 사회의 구성원들에게 공동으로 속하거나 관계되는 것.

겨레 **족**
同 族
동족: 같은 종족, 혈족.

문해력 共과 同이 포함된 단어는 문장에서 어떻게 쓰일까요?

2002년 월드컵은 한국과 일본에서 <u>共同</u>으로 개최되었다.

우리는 <u>一心同體</u>가 되어 국가대표 선수들을 응원했다.

48 활용

活 用

살 **활**

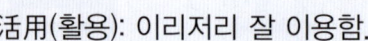
쓸 **용**

活用(활용): 이리저리 잘 이용함.

획순 丶 丶 氵 氵 汒 汘 汘 活 活　　**부수** 氵

活　活　活　活　活

획순 丿 冂 冃 月 用　　**부수** 用

用　用　用　用　用

어휘력 活과 用이 포함된 단어는 또 무엇이 있을까요?

날 **생**
生活
생활: 살아서 경험하고 활동하는 것. 또는 생계나 살림을 꾸려나가는 것.

하여금 **사**
使用
사용: 대상을 목적이나 기능에 맞게 씀.

힘 **력**
活力
활력: 살아 움직이는 힘.

이로울 **리(이)**
利用
이용: 대상을 필요에 따라 이롭게 씀.

문해력 活과 用이 포함된 단어는 문장에서 어떻게 쓰일까요?

우리는 미술시간에 버리는 물건을 재**活用**하여 작품을 만들었다.

☆ 버려지는 물건의 용도를 바꾸어 새롭게 만드는 것을 재활용(再活用)이라고 합니다.

나는 등교할 때 대중교통을 **利用**한다.

49 농촌

農 村

농사 **농**   마을 **촌**

農村(농촌): 주민 대부분이 농업에 종사하는 지역.

| 획순 | ㄱ 口 日 由 曲 曲 農 農 農 農 農 農 | 부수 辰 |

農 農 農 農 農

| 획순 | 一 十 才 木 村 村 | 부수 木 |

村 村 村 村 村

어휘력 農과 村이 포함된 단어는 또 무엇이 있을까요?

지아비 **부**
農夫
농부: 농사를 짓는 사람.

고기 잡을 **어**
漁村
어촌: 고기를 잡아서 생활하는 바닷가 마을 또는 지역.

農村

일 **사**
農事
농사: 농작물을 심어 가꾸고 거두어들이는 일.

메 **산**
山村
산촌: 산 속에 있는 마을.

문해력 農과 村이 포함된 단어는 문장에서 어떻게 쓰일까요?

도시의 인구 밀도가 <u>農村</u> 지역보다 훨씬 높다.

☆ 농촌과 어촌을 합쳐서 농어촌(農漁村)이라고 합니다.

할머니의 집은 강원도 <u>山村</u>에 있다.

50 과목

科 目

과목 **과**   눈 **목**

科目(과목): 가르치거나 배워야 할 지식의 분야를 세분한 교과 영역.

획순 ノ 二 千 千 禾 禾 禾 科 科   **부수** 禾

科 科 科 科 科

획순 丨 冂 冂 目 目   **부수** 目

目 目 目 目 目

어휘력 科와 目이 포함된 단어는 또 무엇이 있을까요?

배울 **학**
科學
과학: 보편적 원리 및 법칙의 발견을 목적으로 한 체계적인 지식. 또는 물리, 화학, 생물, 지구 과학 등의 교과목.

귀 **이**
耳目
이목: 귀나 눈을 이르는 말로, 주의나 관심을 뜻함.

科目

가르칠 **교**　글 **서**
教科書
교과서: 교육 과정에 따라 과목의 주교재로 쓰는 책.

과녁 **적**
目的
목적: 이루고자 하는 일이나 나아가는 방향.

문해력 科와 目이 포함된 단어는 문장에서 어떻게 쓰일까요?

- 내가 좋아하는 <u>科目</u>은 <u>科學</u>이다.

- 시험의 <u>目的</u>은 학생의 학업 성취도를 평가하는 것이다.

따라 쓰면서 복습

한자 쓰기 연습			단어 쓰기 연습
作 지을 작	品 물건 품	▶	작품
意 뜻 의	見 볼 견	▶	의견
正 바를 정	直 곧을 직	▶	정직
食 밥 식/먹을 식	堂 집 당	▶	식당
問 물을 문	答 대답 답	▶	문답

41~50

한자 쓰기 연습				단어 쓰기 연습
身 몸 신		體 몸 체	▶	신체
共 한가지 공/함께 공		同 한가지 동	▶	공동
活 살 활		用 쓸 용	▶	활용
農 농사 농		村 마을 촌	▶	농촌
科 과목 과		目 눈 목	▶	과목

문제 풀면서 복습

1 주어진 뜻과 음에 일치하는 한자를 찾아 알맞은 기호를 표시하세요.

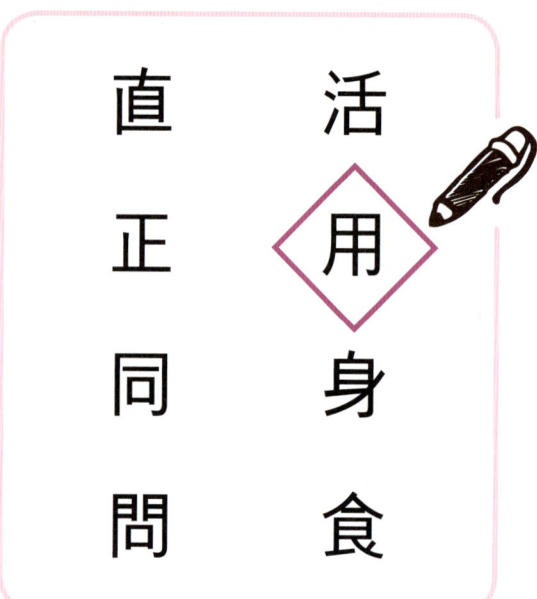

2 주어진 뜻과 한자를 연결하고 한자에 맞는 음을 쓰세요.

한가지 •   • 同 ⇨

농사 •   • 直 ⇨

대답 •   • 品 ⇨

곧다 •   • 答 ⇨

물건 •   • 農 ⇨

3 주어진 뜻과 어울리는 한자어에 O 표시하세요.

1) 사람의 몸.   身體 / 自身

2) 이리저리 잘 이용함.   活用 / 利用

3) 어떤 대상에 대하여 가지는 생각.   同意 / 意見

4 다음 글을 읽고 주어진 한자가 각각 몇 번 나왔는지 그 횟수를 쓰세요.

우리 가족은 저녁을 먹으러 집 앞에 있는 식당에 갔다.
마침 식당에 있는 TV에서 월드컵 경기를 중계하고 있었다.
모든 사람들의 이목이 TV에 집중되었다.
어느새 손님, 직원들 모두 일심동체가 되어 선수들을 응원했다.
아쉽게 졌지만, 월드컵에 참가한 선수들은 모두 정정당당하게 승부를 겨뤘다.

食 ⋯ ◯
堂 ⋯ ◯
目 ⋯ ◯
同 ⋯ ◯
體 ⋯ ◯
正 ⋯ ◯

마무리 퀴즈

〈보기〉의 12개 단어와 일치하는 한자어가 아래의 표에 숨어있어요.
번호 순서대로 표에서 한자어를 찾아 O 표시하세요.

〈보기〉

1) 작품   2) 의견   3) 정직   4) 정오

5) 간식   6) 의식주   7) 신체   8) 공동

9) 활용   10) 농사   11) 교과서   12) 과목

作	品	答	活	用	動
問	農	正	直	共	同
意	見	事	午	線	意
物	衣	明	堂	身	體
間	食	教	科	書	名
村	住	耳	目	有	品

51~60

이번 장에서 배울 내용입니다.
한자의 뜻과 음을 보고
단어의 의미를 유추해보세요.

表 겉 표	面 낯 면	
算 셈 산	數 셈 수	
便 편할 편, 똥오줌 변	紙 종이 지	
電 번개 전	話 말씀 화	
發 필 발	音 소리 음	

社 모일 사	長 길 장/어른 장	
高 높을 고	速 빠를 속	
金 쇠 금, 성씨 김	銀 은 은	
所 바 소	重 무거울 중	
分 나눌 분	明 밝을 명	

51 표면

表 面

겉 표   낯 면

表面(표면): 사물의 가장 바깥쪽. 또는 겉으로 나타난 부분.

획순 一 = ≠ 主 丰 考 表 表   **부수** 衣

表 表 表 表 表

획순 一 ア ㄱ 丙 而 而 面 面 面   **부수** 面

面 面 面 面 面

어휘력 表와 面이 포함된 단어는 또 무엇이 있을까요?

나타날 **현**
表現
표현: 생각이나 느낌을 말이나 몸짓으로 드러내어 나타냄.

안 **내**
內面
내면: 물건의 안쪽. 또는 겉으로 드러나지 않는 속마음.

表面

대신할 **대**
代表
대표: 전체를 어느 하나로 잘 나타내는 것. 또는 조직을 대신하는 사람.

마당 **장**
場面
장면: 어떤 장소에서 겉으로 드러난 면.

문해력 表와 面이 포함된 단어는 문장에서 어떻게 쓰일까요?

지구 **表面**의 약 70%는 물이다.

그는 실력을 인정받아 국가 **代表** 축구 선수로 선발되었다.

52 사장

社長

모일 **사**

길 **장**/어른 **장**

社長(사장): 회사의 책임자.

획순 ˋ ˊ ㇀ ㇁ ㇂ ㇂ ㇂ 社社　　**부수** 礻

社　社　社　社　社

획순 ｜ ｢ ｢ ｢ 트 튼 튼 長　　**부수** 長

長　長　長　長　長

어휘력 社와 長이 포함된 단어는 또 무엇이 있을까요?

사귈 교
社交
사교: 여러 사람이 모여서 서로 교제하는 것.

집 가
家長
가장: 한 가정의 생계를 책임지고 이끌어 가는 사람.

社長

모일 회
社會
사회: 가족, 마을, 정당, 회사 등 공동생활을 하는 모든 형태의 인간 집단.

학교 교
校長
교장: 초등학교, 중학교, 고등학교 등의 최고의 직책.

문해력 社와 長이 포함된 단어는 문장에서 어떻게 쓰일까요?

그는 업무 능력이 뛰어나 이른 나이에 <u>社長</u>이 되었다.

졸업식 날 <u>校長</u> 선생님께서 직접 우리에게 졸업장을 주셨다.

53 산수

算 數

셈 **산**　　　셈 **수**

算數(산수): 수학적 계산 방법. 또는 수와 양의 성질과 셈을 다루는 방법 등을 가르치는 과목.

획순 ノ ゝ ゝ ゞ ゞ ゞ ゞ ゞ ゞ ゞ ゞ ゞ 算算 **부수** 竹

算　算　算　算　算

획순 一 口 ㅁ 曰 曰 昌 旨 甫 甫 婁 婁 婁 數 數 **부수** 攵

數　數　數　數　數

어휘력 算과 數가 포함된 단어는 또 무엇이 있을까요?

셀 **계**
計 算

계산: 수를 헤아리거나 값을 치르는 것. 주어진 수나 식을 일정한 규칙에 따라 처리하여 수치를 구하는 것.

배울 **학**
數 學

수학: 수와 양 및 공간의 성질에 관하여 연구하는 학문.

算 數

합할 **합**
合 算

합산: 합하여 계산함.

글자 **자**
數 字

숫자: 수를 나타내는 글자.

* 數(셈 수)는 數字(숫자)로 쓰일 때 사이시옷이 쓰여 '수자'가 아니라 '숫자'라고 씁니다.

문해력 算과 數가 포함된 단어는 문장에서 어떻게 쓰일까요?

나는 가게에서 물건을 사고 **計算**을 했다.

나는 이번 중간고사 때 **數學** 과목에서 만점을 받았다.

54 고속

高 速

높을 **고**　　빠를 **속**

高速(고속): 매우 빠른 속도.

| 획순 | ` 丶 亠 宀 亣 兯 亯 宫 高 高 高` | 부수 高 |

高　高　高　高　高

| 획순 | `一 厂 币 market 束 束 束 涑 涑 速` | 부수 辶 |

速　速　速　速　速

어휘력 高와 速이 포함된 단어는 또 무엇이 있을까요?

땅 **지**
高 地
고지: 지대가 높은 땅. 또는 이루어야 할 목표.

힘 **력**
速 力
속력: 속도의 크기.

高 速

길 **도** 길 **로**
高 速 道 路
고속도로: 빠르게 달릴 수 있게 만든 차 전용의 도로.

법도 **도**
速 度
속도: 일이 진행되는 빠르기. 또는 어떤 물체가 빠른 정도.

문해력 高와 速이 포함된 단어는 문장에서 어떻게 쓰일까요?

<u>高速道路</u>에서 차들이 빠르게 달리고 있다.

나는 롤러코스터처럼 <u>速度</u>가 빠른 놀이기구를 좋아한다.

55 편지

便 紙

편할 편, 똥오줌 변   종이 지

便紙(편지): 안부, 소식, 용무 등을 적은 글. 또는 글을 적어 상대방에게 보냄.

획순 ノ 亻 亻 亻 行 佢 佢 便 便   **부수** 亻

便 便 便 便 便

획순 ㄥ ㄠ ㄠ 幺 糸 糸 糽 紅 紙 紙   **부수** 糸

紙 紙 紙 紙 紙

어휘력 便과 紙가 포함된 단어는 또 무엇이 있을까요?

편안 **안**
便 安
편안: 걱정 없이 편하고 좋음.

쉴 **휴**
休 紙
휴지: 위생용으로 쓰는 종이.

便　紙

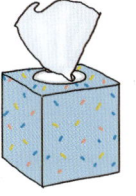

작을 **소**
小 便
소변: 오줌을 점잖게 이르는 말.

흰 **백**/아뢸 **백**
白 紙
백지: 아무것도 쓰지 않은 종이.

문해력 便과 紙가 포함된 단어는 문장에서 어떻게 쓰일까요?

시험이 끝나니 오랜만에 **便安**하게 잠을 잘 수 있었다.

환경보호를 위해 **休紙**를 아껴 쓰는 것이 바람직하다.

56 금은

金 銀

쇠 금, 성씨 김　　　　　　은 은

金銀(금은): 금과 은을 아울러 이르는 말.

획순 ノ 人 ㅅ 스 仐 幺 余 金　　**부수** 金

金　金　金　金　金

획순 ノ 人 ㅅ 彡 幺 幺 余 金 釒 釒 釕 銀 銀　**부수** 金

銀　銀　銀　銀　銀

어휘력 金과 銀이 포함된 단어는 또 무엇이 있을까요?

누를 **황**
黃 金
황금: 누런빛의 금.

다닐 **행**
銀 行
은행: 금융 기관의 하나로, 예금을 받고 그 돈을 꾸어 주어 이자 받는 일을 하는 기관.

金 銀

나타날 **현**
現 金
현금: 정부나 중앙은행에서 발행하는 지폐나 주화.

빛 **색**
銀 色
은색: 은의 빛깔과 같이 반짝이는 색.

문해력 金과 銀이 포함된 단어는 문장에서 어떻게 쓰일까요?

상품권으로 책을 샀더니 점원이 거스름돈을 <u>現金</u>으로 주었다.

나는 매달 용돈의 일부를 <u>銀行</u>에 꼬박꼬박 저축한다.

57 전화

電 話

번개 **전**   말씀 **화**

電話(전화): 전화기를 이용하여 말을 주고받음.

획순 ㄧ ㄷ ㄕ 币 雨 雨 雨 雷 雷 雷 雷 電   **부수** 雨

電 電 電 電 電

획순 丶 亠 ㆁ 言 言 言 訁 話 話 話 話   **부수** 言

話 話 話 話 話

어휘력 電과 話가 포함된 단어는 또 무엇이 있을까요?

기운 **기**
電 氣
전기: 물질 안에 있는 전자의 이동으로 생기는 에너지의 형태.

대할 **대**
對 話
대화: 마주하여 이야기를 주고받음.

電 話

채울 **충**
充 電
충전: 축전지나 축전기에 전류를 흘려 에너지를 축적하는 것.

통할 **통**
通 話
통화: 전화로 말을 주고받음.

문해력 電과 話가 포함된 단어는 문장에서 어떻게 쓰일까요?

나는 부모님과 친한 친구들의 <u>電話</u>번호를 외우고 있다.

그들은 오해로 인해 생긴 갈등을 <u>對話</u>로 풀었다.

58 소중

所 重

바 소　　　　　무거울 중

所重(소중): 매우 귀중함. (소중하다)

획순 ´ ㇇ ㇌ 戶 戶 所 所 所　　**부수** 戶

所　所　所　所　所

획순 ´ ㇐ ㇒ 千 白 甶 甶 重 重　　**부수** 里

重　重　重　重　重

어휘력 所와 重이 포함된 단어는 또 무엇이 있을까요?

살 주
住 所
주소: 사는 곳.

힘 력
重 力
중력: 지구가 물체를 잡아 당기는 힘.

所 重

마당 장
場 所
장소: 어떤 일이 이루어지거나 일어나는 곳.

요긴할 요
重 要
중요: 귀중하고 요긴함.

문해력 所와 重이 포함된 단어는 문장에서 어떻게 쓰일까요?

나는 세상에서 우리 가족이 제일 **所重**하다.

나는 결과보다 과정이 **重要**하다고 생각한다.

59 발음

發 音

필 **발**

소리 **음**

發音(발음): 음성을 냄.

획순 ㄱ ㄱ ㄹ ㄹ ㄲ ㄲ ㄲ 癶 発 発 發 發　**부수** 癶

發　發　發　發　發

획순 丶 亠 产 立 立 产 音 音 音　**부수** 音

音　音　音　音　音

어휘력 發과 音이 포함된 단어는 또 무엇이 있을까요?

날 출
出 發
출발: 어떤 일을 시작함. 또는 가고자 하는 곳을 향하여 나아감.

노래 악
音 樂
음악: 박자, 소리 높낮이, 강약 등의 특성을 다양한 형식으로 조화하고 결합하여 목소리나 악기를 통하여 사상이나 감정을 나타내는 예술.

發 音

볼 견
發 見
발견: 미처 보지 못했던 것이나 알려지지 않은 사실을 찾아냄.

화할 화
和 音
화음: 높이가 다른 둘 이상의 음이 함께 울려서 생기는 음.

문해력 發과 音이 포함된 단어는 문장에서 어떻게 쓰일까요?

기러기는 거꾸로 **發音**해도 기러기이다.

사람들이 스피커에서 흘러나오는 **音樂**에 맞춰 신나게 춤을 추었다.

60 분명

 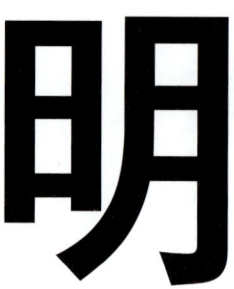

分 明

나눌 **분**   밝을 **명**

分明(분명): 틀림없이 확실하게.

획순 ノ 八 分 分   **부수** 刀

分

획순 丨 冂 日 日 日月 明 明 明   **부수** 日

明

어휘력 分과 明이 포함된 단어는 또 무엇이 있을까요?

떼 **부**
部 分
부분: 전체를 몇 개로 나눈 것 중 하나.

글월 **문**
文 明
문명: 인류가 이루어 낸 기술적, 물질적, 사회 구조적 측면의 발전. 원시 상태와 대비되는 세련되고 발전된 인간 삶의 양식.

分 明

기운 **기**
氣 分
기분: 대상이나 환경에 따라 마음에 생기는 유쾌함이나 불쾌함 등의 감정.

날 **일**
明 日
명일: 내일.

문해력 分과 明이 포함된 단어는 문장에서 어떻게 쓰일까요?

네가 **氣分**이 좋은 것을 보니 **分明** 어제 좋은 일이 있었던 모양이다.

그리스는 서양 고대 **文明**의 중심지였다.

따라 쓰면서 복습

한자 쓰기 연습		단어 쓰기 연습
表 겉 표	面 낯 면	▶ 표면
社 모일 사	長 길 장/어른 장	▶ 사장
算 셈 산	數 셈 수	▶ 산수
高 높을 고	速 빠를 속	▶ 고속
便 편할 편, 똥오줌 변	紙 종이 지	▶ 편지

51~60

한자 쓰기 연습			단어 쓰기 연습
金 쇠 금, 성씨 김	銀 은 은	▶	금은
電 번개 전	話 말씀 화	▶	전화
所 바 소	重 무거울 중	▶	소중
發 필 발	音 소리 음	▶	발음
分 나눌 분	明 밝을 명	▶	분명

문제 풀면서 복습

1 주어진 뜻과 음에 일치하는 한자를 찾아 알맞은 기호를 표시하세요.

2 주어진 뜻과 한자를 연결하고 한자에 맞는 음을 쓰세요.

높다 ·	· 分 ⇨
셈하다 ·	· 高 ⇨
종이 ·	· 話 ⇨
말씀 ·	· 紙 ⇨
나누다 ·	· 算 ⇨

3 주어진 뜻과 어울리는 한자어에 O 표시하세요.

1) 매우 귀중함.　　　　　　重力 / 所重

2) 전화로 말을 주고받음.　　對話 / 通話

3) 틀림없이 확실하게.　　　 分明 / 氣分

4 다음 글을 읽고 주어진 한자가 각각 몇 번 나왔는지 그 횟수를 쓰세요.

나는 학교 대표로 참여한 수학 경시 대회에서 삼등을 했다.

교장 선생님께서 칭찬하시면서 상장과 함께

도서 상품권을 주셨다.

그 상품권으로 책을 샀더니 점원이 거스름돈을 현금으로 주었다.

돈은 은행에 가서 바로 저축했다. 기분이 아주 좋았다.

일등을 못해서 아쉬웠지만,

나는 결과보다 과정이 중요하다고 생각한다.

數 ……◯
長 ……◯
金 ……◯
銀 ……◯
分 ……◯
重 ……◯

마무리 퀴즈

〈보기〉의 12개 단어와 일치하는 한자어가 아래의 표에 숨어있어요.
번호 순서대로 표에서 한자어를 찾아 O 표시하세요.

〈보기〉

1) 표면　　2) 장면　　3) 분명　　4) 사회

5) 계산　　6) 고속도로　　7) 편지　　8) 발음

9) 황금　　10) 음악　　11) 충전　　12) 장소

內	場	所	分	合	家
表	面	數	明	計	算
黃	住	社	長	教	長
發	金	會	便	充	小
音	樂	白	紙	電	氣
和	高	速	道	路	分

★ 8급 한자(50자) ★

校	敎	九	國	軍
학교 교	가르칠 교	아홉 구	나라 국	군사 군
金	南	女	年	大
쇠 금/성씨 김	남녘 남	여자 녀(여)	해 년(연)	클 대/큰 대
東	六	萬	母	木
동녘 동	여섯 륙(육)	일 만 만	어머니 모	나무 목
門	民	白	父	北
문 문	백성 민	흰 백/아뢸 백	아버지 부/아비 부	북녘 북, 달아날 배
四	山	三	生	西
넉 사	메 산	석 삼	날 생	서녘 서
先	小	水	室	十
먼저 선	작을 소	물 수	집 실	열 십
五	王	外	月	二
다섯 오	임금 왕	바깥 외	달 월	두 이
人	一	日	長	弟
사람 인	한 일	날 일	길 장/어른 장	아우 제
中	靑	寸	七	土
가운데 중	푸를 청	마디 촌	일곱 칠	흙 토
八	學	韓	兄	火
여덟 팔	배울 학	한국 한/나라 한	형 형	불 화

★ 준7급 한자(50자) ★

家	間	江	車	工
집 가	사이 간	강 강	수레 차, 수레 거	장인 공
空	氣	記	男	內
빌 공	기운 기	기록할 기	사내 남	안 내
農	答	道	動	力
농사 농	대답 답	길 도	움직일 동	힘 력(역)
立	每	名	物	方
설 립(입)	매양 매	이름 명	물건 물	모 방/본뜰 방
不	事	上	姓	世
아닐 부(불)	일 사	윗 상	성씨 성	인간 세/대 세
手	時	市	食	安
손 수	때 시	저자 시	밥 식/먹을 식	편안 안
午	右	子	自	場
낮 오	오른쪽 우	아들 자	스스로 자	마당 장
電	前	全	正	足
번개 전	앞 전	온전할 전	바를 정	발 족
左	直	平	下	漢
왼 좌	곧을 직	평평할 평	아래 하	한수 한/한나라 한
海	話	活	孝	後
바다 해	말씀 화	살 활	효도 효	뒤 후

★ 7급 한자(50자) ★

歌	口	旗	同	洞
노래 가	입 구	기 기	한가지 동	골 동, 밝을 통
冬	登	來	老	里
겨울 동	오를 등	올 래(내)	늙을 로(노)	마을 리(이)
林	面	命	文	問
수풀 림(임)	낯 면	목숨 명	글월 문	물을 문
百	夫	算	色	夕
일백 백	지아비 부	셈 산	빛 색	저녁 석
少	所	數	植	心
적을 소	바 소	셈 수	심을 식	마음 심
語	然	有	育	邑
말씀 어	그럴 연	있을 유	기를 육	고을 읍
入	字	祖	住	主
들 입	글자 자	할아버지 조/조상 조	살 주	주인 주
重	紙	地	千	天
무거울 중	종이 지	땅 지	일천 천	하늘 천
川	草	村	秋	春
내 천	풀 초	마을 촌	가을 추	봄 춘
出	便	夏	花	休
날 출	편할 편, 똥오줌 변	여름 하	꽃 화	쉴 휴

초등 1 한자 마무리 테스트

[문제 1-10] 다음 글의 ( ) 안에 있는 漢字한자의 讀音(독음: 읽는 소리)을 쓰세요.

〈보기〉 (字) → 자

[1] (四)

[2] (九)

[3] (二)

[4] (年)

[5] (先)

[6] 부(母)님과

[7] (兄),

[8] 동(生)이

[9] 내 생(日)을 위해

[10] 거(室)에 모여있습니다.

[문제 11-20] 다음 訓(훈: 뜻)이나 音(음: 소리)에 알맞은 漢字한자를 〈보기〉에서 찾아 그 번호를 쓰세요.

〈보기〉
① 口 ② 一 ③ 校 ④ 五 ⑤ 父
⑥ 寸 ⑦ 軍 ⑧ 七 ⑨ 木 ⑩ 青

[11] 입

[12] 촌

[13] 학교

[14] 군사

[15] 부

[16] 청

[17] 다섯

[18] 나무

[19] 칠

[20] 하나

[문제 21-30] 다음 밑줄 친 말에 해당하는 漢字한자를 〈보기〉에서 찾아 그 번호를 쓰세요.

〈보기〉
① 西　② 水　③ 外　④ 王　⑤ 月
⑥ 火　⑦ 金　⑧ 人　⑨ 白　⑩ 國

[21] 동생이 실수로 바닥에 물을 엎질렀습니다.

[22] 나는 추워서 바깥에 나가지 않았습니다.

[23] 오늘 공원에는 사람이 많습니다.

[24] 달이 구름 속으로 모습을 감추었습니다.

[25] 어머니는 흰색으로 벽을 칠했습니다.

[26] 내 친구들은 대부분 성이 김 씨입니다.

[27] 신하는 임금을 섬겨야 합니다.

[28] 할머니께서 아궁이에 불을 피웠습니다.

[29] 어린이는 나라를 이끌어 갈 인재입니다.

[30] 어느새 서쪽 하늘이 붉게 물들었습니다.

[문제 31-40] 다음 漢字한자의 訓(훈: 뜻)과 音(음: 소리)을 쓰세요.

〈보기〉 字 → 글자 자

[31] 大

[32] 六

[33] 安

[34] 民

[35] 三

[36] 山

[37] 八

[38] 十

[39] 弟

[40] 二

[문제 41-44] 다음 漢字한자의 訓(훈: 뜻)을 〈보기〉에서 찾아 그 번호를 쓰세요.
〈보기〉
① 배우다 ② 한국/나라 ③ 동녘 ④ 주인

[41] 主

[42] 東

[43] 學

[44] 韓

[문제 45-48] 다음 漢字한자의 音(음: 소리)을 〈보기〉에서 찾아 그 번호를 쓰세요.
〈보기〉
① 소   ② 남   ③ 교   ④ 만

[45] 小

[46] 南

[47] 萬

[48] 敎

[문제 49-50] 다음 漢字한자의 진하게 표시한 획은 몇 번째 쓰는지 〈보기〉에서 찾아 그 번호를 쓰세요.
① 첫 번째   ② 두 번째
③ 세 번째   ④ 네 번째
⑤ 다섯 번째   ⑥ 여섯 번째
⑦ 일곱 번째   ⑧ 여덟 번째
⑨ 아홉 번째   ⑩ 열 번째

[49]

[50]

정답 01~10

문제 풀면서 복습

01
달 월 - 月
클 대/큰 대 - 大
일천 천 - 千
아버지 부 - 父
강 강 - 江

02
작다 - 小 소
일 만 - 萬 만
해 - 年 년(연)
남자 - 男 남
어머니 - 母 모

03
1) 南北   2) 父子   3) 先生

04
月-1번   休-1번   東-1번
大-1번   小-1번   萬-2번

> 내 생일은 오월(五月) 오일이다. 어린이날이랑 날짜가 똑같다.
> 그날은 휴일(休日)이라 부모님과 함께 바닷바람을 쐬러 동해(東海)에 갔다 왔다.
> 만일(萬一) 내일 비가 오지 않으면, 나는 친구들과 함께 호수 공원에 갈 것이다.
> 입장료는 대인(大人) 만(萬) 원, 소인(小人)은 오천 원이다.

마무리 퀴즈

1) 매년 2) 천만 3) 대소 4) 남녀
5) 부모 6) 동해 7) 일월 8) 모녀
9) 생년월일 10) 한강 11) 선생 12) 강산

정답 11~20

문제 풀면서 복습

01
백성 민 - 民
흙 토 - 土
넉 사 - 四
사람 인 - 人
날 출 - 出

02
바깥 - 外 외
배우다 - 學 학
발 - 足 족
오르다 - 登 등
집 - 室 실

03
1) 孝道   2) 四方   3) 人生

04
學-5번   校-5번   四-1번
登-1번   室-2번   敎-1번

나는 초등학생(學生)이다. 3월 초부터 새 학년(學年)이 시작된다.
우리 학교(學校)는 전교(全校)생이 100명 정도인 작은 학교(學校)다.
나는 사촌(四寸) 동생과 등교(登校)와 하교(下校)를 같이 한다.
실내(室內)화를 신고 교실(敎室)에 가니 학생(學生)들이 있었다.

마무리 퀴즈

1) 국민   2) 토지   3) 수도   4) 사방팔방
5) 지방   6) 인구   7) 외출   8) 가수
9) 학교   10) 부족   11) 교실   12) 등산

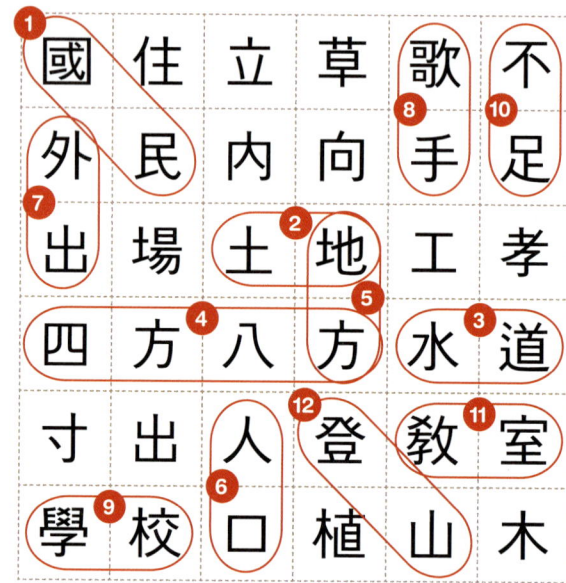

정답 21~30

문제 풀면서 복습

01
하늘 천 – 天
푸를 청 – 靑
가운데 중 – 中
아닐 부(불) – 不
돌 석 – 石

02
평평하다 – 平 평
이름 – 名 명
가을 – 秋 추
봄 – 春 춘
저녁 – 夕 석

03
1) 空中　　2) 有名　　3) 世上

04
秋-1번　　夕-1번　　場-1번
平-2번　　和-1번　　春-1번

> 추석(秋夕) 때가 다가오니 시내 근처 시장(市場)은 사람으로 붐볐다.
> 언니는 걷는 내내 배고프다고 불평(不平)했다.
> 점심을 먹고 나서야 우리에게도 평화(平和)가 찾아왔다.
> 엄마는 언니가 사춘기(思春期)인 것 같다고 하셨다.

마무리 퀴즈

1) 세상　2) 청춘　3) 석양　4) 입추
5) 시내　6) 공중　7) 불효　8) 평생
9) 우천　10) 유명　11) 화석　12) 공장

정답 31~40

문제 풀면서 복습

01
아들 자 – 子
앞 전 – 前
마음 심 – 心
다닐 행 – 行
물건 물 – 物

02
아우 – 弟 제
옮기다 – 運 운
온전하다 – 全 전
많다 – 多 다
스스로 – 自 자

03
1) 不良   2) 言行   3) 幸福

04
自-3번   動-1번   安-2번
全-2번   多-2번   幸-2번

> 나는 어제 자전거(自轉車)를 타다가 자동차(自動車)와 부딪혔다.
> 다행(多幸)히 나는 안전(安全)을 위해 헬멧을 쓰고 있었다.
> 다리가 아팠지만, 의사 선생님이 가벼운 타박상이라고 하여 안심(安心)했다.
> 내 자전거(自轉車)와 휴대 전화가 전부(全部) 망가졌지만 이만하기 천만다행(千萬多幸)이었다.

마무리 퀴즈

1) 자력   2) 제자   3) 행동   4) 양심
5) 만전   6) 사물   7) 오전   8) 오후
9) 기운   10) 인기   11) 사업   12) 시간

정답 41~50

문제 풀면서 복습

01
바를 정 – 正
물을 문 – 問
살 활 – 活
쓸 용 – 用
몸 신 – 身

02
한가지 – 同 동
농사 – 農 농
대답 – 答 답
곧다 – 直 직
물건 – 品 품

03
1) 身體   2) 活用   3) 意見

04
食-2번   堂-4번   目-1번
同-1번   體-1번   正-2번

우리 가족은 저녁을 먹으러 집 앞에 있는 식당(食堂)에 갔다.
마침 식당(食堂)에 있는 TV에서 월드컵 경기를 중계하고 있었다.
모든 사람들의 이목(耳目)이 TV에 집중되었다.
어느새 손님, 직원들 모두 일심동체(一心同體)가 되어 선수들을 응원했다.
아쉽게 졌지만, 월드컵에 참가한 선수들은 모두 정정당당(正正堂堂)하게 승부를 겨뤘다.

마무리 퀴즈

1) 작품   2) 의견   3) 정직   4) 정오
5) 간식   6) 의식주   7) 신체   8) 공동
9) 활용   10) 농사   11) 교과서   12) 과목

정답 51~60

문제 풀면서 복습

01
낯 면 – 面
빠를 속 – 速
은 은 – 銀
필 발 – 發
소리 음 – 音

02
높다 – 高 고
셈하다 – 算 산
종이 – 紙 지
말씀 – 話 화
나누다 – 分 분

03
1) 所重   2) 通話   3) 分明

04
數-1번   長-1번   金-1번
銀-1번   分-1번   重-1번

나는 학교 대표로 참여한 수학(數學) 경시 대회에서 삼등을 했다.
교장(校長) 선생님께서 칭찬하시면서 상장과 함께 도서 상품권을 주셨다.
그 상품권으로 책을 샀더니 점원이 거스름돈을 현금(現金)으로 주었다.
돈은 은행(銀行)에 가서 바로 저축했다.
기분(氣分)이 아주 좋았다.
일등을 못해서 아쉬웠지만, 나는 결과보다 과정이 중요(重要)하다고 생각한다.

마무리 퀴즈

1) 표면 2) 장면 3) 분명 4) 사회
5) 계산 6) 고속도로 7) 편지 8) 발음
9) 황금 10) 음악 11) 충전 12) 장소

초등 1 한자 마무리 테스트

1 사 2 구 3 이 4 년 5 선 6 모 7 형 8 생
9 일 10 실 11 ① 12 ⑥ 13 ③ 14 ⑦ 15 ⑤
16 ⑩ 17 ④ 18 ⑨ 19 ⑧ 20 ② 21 ② 22 ③
23 ⑧ 24 ⑤ 25 ⑨ 26 ⑦ 27 ④ 28 ⑥ 29 ⑩
30 ① 31 클 대/큰 대 32 여섯 륙(육) 33 편안 안 34 백성 민 35 석 삼 36 메 산 37 여덟 팔 38 열 십 39 아우 제 40 두 이 41 ④
42 ③ 43 ① 44 ② 45 ① 46 ② 47 ④ 48 ③
49 ⑤ 50 ⑧